Fernando de Oliveira Souza

INTEGRAÇÃO CURRICULAR: UM CAMINHO

Porto de Idéias
EDITORA

São Paulo, 2016

Integração curricular: um caminho

Editor | Sebastião Haroldo de Freitas Corrêa Porto
Coordenação editorial | Silvana Pereira de Oliveira
Diagramação e Capa | Otávio Silva

Dados Internacionais de Catalogação na Publicação (CIP)
(Câmara Brasileira do Livro, SP, Brasil)

Souza, Fernando de Oliveira
Integração curricular : um caminho / Fernando de Oliveira Souza. -- São Paulo : Porto de Idéias, 2016.

ISBN 978-85-8061-104-5
Bibliografia.

1. Ensino médio - Currículos 2. Linguagem 3. Literatura 4. Pesquisa educacional I. Título.

16-05328 CDD-375.01

Índices para catálogo sistemático:
1. Integração curricular : Educação 375.01

Editora Porto de Idéias Ltda. | Rua Perdões, 101 | Aclimação | CEP 01529-030
São Paulo – SP – Brasil | Tel. 11 3884-3814 | www.portodeideias.com.br

Dedico esta obra

à minha esposa Juliana Nazaré Alves Souza,
a meus pais Maria Fátima de Oliveira Souza
e Filadelfo Pereira de Souza, e ao meu irmão
Fúlvio Alessandro de Oliveira Souza;
a todos os professores dedicados e inquietos que
sempre estão em busca de formas marcantes de
ensinar e nunca se sentem inquestionáveis;
aos colegas da Etec Jorge Street que me
apoiaram desde o início do Mestrado.

Agradecimentos

Agradeço à minha orientadora, Profa. Dra. Lívia de Araújo Donnini Rodrigues, pela paciência e dedicação permanente em todo o processo do Mestrado e por nunca ter desistido de colocar foco em todas as minhas pretensões na pesquisa.

Agradeço a todo o apoio da direção, docentes e funcionários da Etec Jorge Street e ao Centro Estadual de Educação Tecnológica Paula Souza pela licença-mestrado.

Agradeço a todos os alunos e pais do 3º ano do Ensino Técnico de Informática integrado ao médio, de 2014, da Etec Jorge Street, por terem aceitado participar com tanto entusiasmo da segunda fase de minha pesquisa de Mestrado.

Agradeço ao Prof. Dr. Nílson José Machado e a seu grupo de estudos Seminários de Estudo em Epistemologia e Didática (Seed), da Faculdade de Educação da Universidade de São Paulo, pelas orientações e inspirações antes e durante o Mestrado.

Agradeço à Profa. Dra. Aglaé Cecília Porto Alves, pela disposição em colaborar na pesquisa desde o processo de qualificação.

"A inteligência consegue andar de modo certeiro por caminhos incertos. Ela tem um senso de orientação notável, que faz com que ela procure e encontre mesmo sem dados suficientes."

José Antônio Marina

Sumário

Apresentação

Dois fatos contribuem diretamente para revelar o valor do presente trabalho: a notável fragmentação disciplinar que predomina na organização escolar, sobretudo no Ensino Médio, e o insuficiente destaque reservado à área de Linguagens no caso específico do Ensino Técnico.

Para destacar o primeiro fato, registremos que, ao longo do Ensino Médio, os alunos dividem a atenção entre 15 ou mais disciplinas, dispersando o interesse pelos conteúdos escolares, que são tratados frequentemente de modo excessivamente técnico, como se fossem destinados a especialistas. Os livros didáticos costumam ser tão minuciosos, tão cientes de seu papel de guardião dos saberes disciplinares que sua leitura chega a produzir um sentimento de impotência mesmo em cidadãos escolarizados, ou profissionais competentes em suas áreas de atuação. A situação é tão anômala que, numa experiência de pensamento, se os professores universitários fossem levados a prestar os exames vestibulares para a universidade em que lecionam, muitos deles seriam reprovados.

Quanto ao segundo fato, uma comum oposição aparente de interesses entre a área de Linguagens e o ensino de disciplinas técnicas carece de uma reflexão crítica que a desmonte. Na verdade, a capacidade de expressão e de compreensão por meio da língua materna constitui o terreno em que se enraizarão todas as outras competências, sendo necessário reduzir explicitamente na escola o espaço do fazer sem a consciência da articulação com o significado das palavras.

Naturalmente, tanto as dificuldades com a fragmentação disciplinar quanto as resultantes da subestimação da importância da língua nossa de cada dia decorrem do modo como as disciplinas são ensinadas na escola. Temas e ideias fundamentais são diluídos em miríades de noções periféricas ou irrelevantes, e o significado dos que se tenta ensinar resulta obscurecido.

Para tentar corrigir tal desvio, desde a década de 1970 têm surgido alternadamente discursos como o da interdisciplinaridade, o do trabalho com projetos, o da modelagem e resolução de problemas, o das competências, o do agrupamento das disciplinas em áreas, o da transdisciplinaridade, entre outros. Poucas vezes, no entanto, tais discursos produzem efeitos concretos no terreno das práticas docentes, o que exige uma experiência didática que viabilize uma concentração das atenções nas ideias fundamentais da disciplina que se leciona. O ponto crucial muitas vezes olvidado é que existe, em cada disciplina, um pequeno número de ideias realmente inspiradoras, que podem ser explicadas em linguagem ordinária, sem recursos a tecnicidades excessivas, e que articulam internamente as disciplinas, ao mesmo tempo em que a transbordam, relacionando-a naturalmente com as outras. Reconhecer tal elenco de ideias fundamentais e mobilizá-las tendo em vista combater a fragmentação disciplinar é a tarefa mais ingente da ação docente, em todas as áreas de atuação.

A proposta do presente trabalho é justamente uma irradiação de ações docentes a partir de tais ideias inspiradoras e da atuação consciente do professor da língua materna, para uma articulação do ensino da língua com os conteúdos de todas as outras disciplinas, por mais tecnicamente constituídas que sejam. Ao constituir um elenco de ideias fundamentais que incluem elementos de disciplinas como História, Artes, Educação Física, Letras, entre outras, e arquitetar trabalhos sobre temáticas integradoras, o autor ilustra e semeia uma prática muito fecunda, que poderá inspirar docentes de muitas outras disciplinas.

O fato de o autor trabalhar em escolas onde a importância da dimensão técnica dos conteúdos e a concentração das atenções nas tecnicidades disciplinares, em detrimento do potencial e do significado das ideias fundamentais, torna sua proposta especialmente desafiadora. O objetivo do trabalho, no entanto, não é oferecer um manual didático, para ser adotado em todas as áreas disciplinares, mas, sim, a apresentação de um exemplário de possibilidades de ações docentes integradoras com potencial para inspirar novas práticas. O que foi feito e apresentado a partir da língua materna faria igualmente todo o sentido se fosse replicado por professores de cada uma das outras disciplinas: Física, Matemática, Tecnologias etc.

São Paulo, junho de 2016.

Nílson José Machado

Professor Titular da Faculdade de Educação da Universidade de São Paulo.

1. Introdução

Dentre os vários desafios educacionais que demandam posicionamento e enfrentamento pelos profissionais da educação, certamente figura, como um nó de muitos enlaces, a distância entre as áreas no currículo do Ensino Médio e Técnico. Várias forças agem conjuntamente provocando esse distanciamento, algumas delas essencialmente ligadas ao fazer cotidiano de professores e professoras: planos de ensino em que conteúdos são "fechados", sem diálogo com outros componentes curriculares; ausência de estudo dos planos de outras áreas a fim de que se possam estabelecer elos entre os campos específicos de trabalho; ausência ou presença tímida de aproximação entre conteúdos escolares e questões cotidianas dos alunos.

Sendo assim, a presente pesquisa tem como objetivo apresentar uma possibilidade de integração para as disciplinas da área de linguagens, especificamente dentro de um contexto escolar que oferece cursos de Ensino Técnico integrados ao Médio.

Como orientação curricular, defendem-se as práticas pedagógicas integradas entre as áreas, com base no pressuposto de que elas permitem que os alunos tenham uma visão mais global do mundo em sua volta, possibilitando-lhes um posicionamento mais crítico e contextualizado frente aos conhecimentos. Entretanto, os cursos de Licenciatura nas universidades brasileiras formam professores especialistas em suas disciplinas, sem que esse recorte disciplinar seja problematizado ou que sejam debatidas possibilidades de aproximação e integração. Não é de estranhar, portanto, que esses profissionais, em sua atuação em escolas de Ensino Fundamental e Médio, apenas arrisquem, quando o fazem, tímidos movimentos em projetos nos quais incentivam seus alunos a desenvolver um olhar amplo do mundo a sua volta. Propostas de trabalho que integrem os vários componentes curriculares no ambiente escolar merecem, portanto, ser tomadas como objeto de investigação, na medida em que o exercício criterioso de registro, análise e reflexão sobre elas nos permite compreender possibilidades e limitações, em um movimento de transformação dessa situação – ou seja, buscar caminhos que superem a cisão entre a formação e o que se espera que os professores façam no exercício de sua profissão.

Sendo o autor dessa obra também professor, optou-se por conduzir a pesquisa em seu próprio ambiente de trabalho, a Etec Jorge Street, unidade escolar pertencente ao Centro Estadual de Educação Tecnológica Paula Souza, no estado de São Paulo. Para que ela não se tornasse um mero relato de prática optou-se por uma metodologia de pesquisa intitulada Pesquisa de Professor, como se verá no capítulo 3.

Para a pesquisa, optou-se por um desenho metodológico organizado em duas etapas consecutivas: a primeira, de agosto de 2012 a dezembro de 2013; e a segunda, de janeiro a dezembro de 2014. Na primeira etapa, de caráter bibliográfico e documental, constituíram o *corpus* da pesquisa: o Plano Escolar da Etec Jorge Street; o Plano do Curso Técnico de Informática Integrado ao Ensino Médio; a Atualização da Proposta de Currículo por Competência para o Ensino Médio do Centro Paula Souza, de 2012; os Planos Docentes dos componentes curriculares da área de Linguagens, do curso referido e do Ensino Médio regular, de 2012; relatos de aulas de Língua Portuguesa e Literatura, Inglês, Artes e Educação Física, em 2012 e 2013. O objetivo dessa etapa foi analisar as possíveis integrações já existentes dentro das disciplinas da área de Linguagens e entre elas.

Após a análise das possíveis integrações, teve início a segunda etapa da pesquisa, de caráter empírico, em que o pesquisador participou como docente, introduzindo em suas aulas de Língua Portuguesa e Literatura, por meio de uma Sequência Didática, as integrações identificadas na primeira etapa. Para essa segunda etapa, foi selecionado o 3º ano do Curso Técnico de Informática Integrado ao Ensino Médio, pois era a única turma de integrado em que o professor-pesquisador lecionava em 2014 na Etec Jorge Street. Apesar de também trabalhar em turmas de 3º ano do Ensino Médio regular, o pesquisador fez a opção pela turma de integrado mencionada, pois o formato de Ensino Médio regular não existirá mais a partir de 2016. A Sequência Didática foi articulada em torno do tema "Cultura dos povos de origem africana no Brasil". A justificativa para tal escolha fundamenta-se, inicialmente, na Lei n. 10.639/2004 de Diretrizes e Bases da Educação Nacional, que regulamenta o ensino de História e Cultura Afro-Brasileira e Africana na Educação Básica. Aliado a isso, na Etec Jorge Street, este ensino ainda é contemplado de maneira tímida, portanto esta foi uma oportunidade de efetivá-lo de forma consistente. Para organizar a sequência didática utilizada na segunda etapa da pesquisa (Apêndice 2), o referencial teórico tomado como referência é aquele proposto por Cope e Kalantizis, também discutido por Kern (2000).

O desenho das etapas da pesquisa está sintetizado no Quadro 1 a seguir.

Quadro 1 – Desenho da pesquisa

Etapas	Natureza	Objetivo	Corpus
Primeira etapa (2012-2013)	Caráter bibliográfico e documental.	Analisar as possíveis áreas/temas de integração dentro das disciplinas da área de linguagens e entre elas.	Planos de cursos da Etec Jorge Street. Atualização da Proposta de Currículo por Competência para o Ensino Médio do Centro Paula Souza, de 2012. Planos Docentes dos componentes curriculares da área de Linguagens, bem como os materiais didáticos utilizados, de 2012. Relatos de aulas de Língua Portuguesa e Literatura, Inglês, Artes e Educação Física (2012-2013).

Segunda etapa (2014)	Caráter empírico.	Analisar as percepções dos alunos sobre o tema "Cultura dos povos de origem africana no Brasil", de maneira integrada, no 3º ano do Curso Técnico de Informática Integrado ao Ensino Médio.	Sequência didática articulada em torno do tema referido. Diário de campo do professor--pesquisador. Questionários respondidos pelos alunos. Produções dos alunos nas diferentes etapas da Sequência Didática.

Partindo do pressuposto que a fragmentação curricular prejudica a formação do aluno, a presente pesquisa tem como hipótese que a integração dos componentes curriculares para além das distinções entre interdisciplinaridade e transdisciplinaridade pode superar a fragmentação curricular. Sendo assim, a investigação é norteada pela seguinte questão: Quais são os possíveis caminhos para a integração curricular da área de Linguagens no Ensino Médio?

Esta obra está assim organizada: no capítulo intitulado "Aporte Teórico", veremos os conceitos-chave que permitiram uma melhor compreensão tanto do contexto pesquisado quanto dos dados coletados. No capítulo intitulado "Metodologia" serão apresentados os objetivos, justificativa, pergunta e hipóteses de pesquisa. Também será caracterizada a metodologia de pesquisa e serão descritos o contexto da escola técnica estadual e do Centro de Educação Tecnológica Paula Souza, onde os dados foram coletados e as atividades elaboradas e aplicadas, e o perfil dos participantes. Nos capítulos subsequentes são apresentados os procedimentos e os dados coletados nas duas fases em que a pesquisa foi organizada, entremeados pelas análises possibilitadas ao longo do trabalho de pesquisa. Por fim, apresentaremos nossas considerações e conclusões, tanto aquelas ligadas diretamente ao trabalho quanto aquelas que dele se manifestam como desdobramento.

2. Aporte Teórico

Partindo da pergunta de pesquisa apresentada na Introdução, temos os dois termos fortes deste trabalho: *currículo* e *integração*. Dessa forma, iremos explorar seus significados e embasá-los segundo alguns autores neste capítulo. Outros temas a serem explorados serão: *interdisciplinaridade; integração curricular em Escola Técnica; aprendizagem no século XXI; e pedagogia dos multiletramentos.*

Compreendendo que *currículo* pode significar,

> entre outros, a grade curricular com disciplinas/atividades e cargas horárias, o conjunto de ementas e os programas das disciplinas/atividades, os planos de ensino dos professores, as experiências propostas e vividas pelos alunos. (LOPES; MACEDO, 2011, p. 19)

Buscamos em Bruner (1966) e Machado (2000) a possibilidade de nos aprofundarmos na questão sobre a natureza das disciplinas – ou componentes curriculares – que compõem a área de linguagens.

Além do estudo sobre currículo, partimos da inquietação a respeito da origem e da polissemia da palavra integração. Integração tem origem latina e significa intocado, tornado inteiro.

É uma palavra formada pela partícula de negação IN- e pela raiz de TANGERE, que significa "tocar". Modernamente (MICHAELIS, 2015)[1], a palavra integração mantém o significado de "tornar íntegro" e remete à ideia de algo maior: "constituição de um todo pela adição ou combinação de partes ou elementos". Há, também, acepções que remetem a campos específicos do conhecimento, como a Matemática (ato de calcular a integral de uma equação diferencial), a Medicina (função de correlação e coordenação nervosa do cérebro, do cerebelo etc.), além da Zoologia e da Sociologia, que veremos logo mais adiante.

Refletindo sobre as definições da palavra *integração*, chamam-nos a atenção duas delas. Em Zoologia, integração é o processo pelo qual "indivíduos de ordem inferior se unem para formar outros de ordem elevada com o resultado de uma maior complexidade de estrutura ou constituição". Na presente pesquisa, um dos desafios é compreender a relação parte-todo, ou, em outras palavras, como uma disciplina, de escopo mais fechado, se une a outras na constituição de uma área, de escopo mais aberto e complexo. E, retomando Lopes e Macedo (2011), no que diz respeito às definições sobre *currículo*, compreendendo-o como "as experiências propostas e vividas pelos alunos", conseguimos conceitualmente integrá-lo à definição da palavra *integração* no campo da Sociologia: processo social que "tende a harmonizar ou unificar diversas unidades antagônicas, sejam elementos da personalidade dos indivíduos, dos

1. *Integração* é "*sf* (*lat integratione*) 1 Ato ou processo de integrar; incorporação, complemento. 2 Condição de constituir um todo pela adição ou combinação de partes ou elementos. 3 *Mat* Operação que consiste em achar a integral de uma equação diferencial. 4 *Med* Função de correlação e coordenação nervosa do cérebro, do cerebelo etc. 5 *Zool* Processo pelo qual indivíduos de ordem inferior se unem para formar outros de ordem mais elevada com o resultado de uma maior complexidade de estrutura ou constituição. 6 Ação pela qual substâncias estranhas ao indivíduo passam, por assimilação, a fazer parte integrante dele. 7 *Sociol* Processo social que tende a harmonizar ou unificar diversas unidades antagônicas, sejam elementos da personalidade dos indivíduos, dos grupos ou de agregações sociais maiores".

grupos ou de agregações sociais maiores". Sendo a segunda fase dessa pesquisa um trabalho de campo com determinado grupo de alunos, a harmonização desses diversos elementos foi a tônica.

A fim de contextualizar *currículo* no século XX, faz-se necessário um breve panorama histórico sobre o assunto. Segundo Lopes e Macedo (2011), em 1949, a teoria curricular elabora a mais duradoura resposta às questões sobre seleção e organização de experiências/conteúdos educativas/os. Com uma abordagem eclética, Ralph Tyler articula abordagens técnicas, como as eficientistas, com o pensamento progressista. Mesmo que sua aproximação do progressivismo tenha sido caracterizada como instrumental e que seu pensamento esteja muito mais perto do eficientismo, sem relevar a tensão entre criança e mundo adulto que caracteriza o pensamento de Dewey, a racionalidade proposta por Tyler se impõe, quase sem questionamento, por mais de 20 anos, no Brasil e nos EUA.

> O modelo de Tyler é um procedimento linear e administrativo em quatro etapas: definição dos objetivos de ensino; seleção e criação de experiências de aprendizagem apropriadas; organização dessas experiências de modo a garantir maior eficiência ao processo de ensino; e avaliação do currículo. (LOPES; MACEDO, 2011, p. 25)

Além das mudanças históricas vividas em todo o mundo no final dos anos 1960, o próprio distanciamento dos currículos, por sua atomização e por seu desejo exacerbado de controle da prática concreta das escolas, favorece o aumento das críticas. Nem todas elas têm como objetivo a superação radical da racionalidade tyleriana em seus desdobramentos. Algumas pretendem integrar comportamentalismo e humanismo. Nessa linha, Eva Baker e James Popham advogam em defesa da reorganização dos objetivos até então vigentes, de maneira a construir um sistema de conceitos tecnologicamente útil para a escola em seu trabalho para melhoria das condições humanas. Em contrapartida a objetivos cada vez mais atomizados, Baker e Popham apresentam a noção de competência [ou domínio] (LOPES; MACEDO, 2011, p. 53-54).

As competências propostas pelos autores são amplas e englobam um conjunto de comportamentos denominados habilidades, considerados fundamentais em determinada área e que devem integrar os três domínios propostos por Bloom (cognitivo, afetivo e psicomotor). A elaboração curricular, bem como a avaliação, tem a competência como meta, e o objetivo do processo de ensino é a maestria ou o domínio das competências. Para isso, cada competência é analisada e decomposta nas habilidades, fundamentais, no entanto insuficientes, para o domínio da competência. Apesar de retomarem o sentido de totalidade, as competências mantêm a matriz comportamental, no sentido em que são produto do domínio de habilidades intermediárias. A diferença é que, em vez de se valorizar, como modelo avaliativo de Tyler, cada habilidade, a proposta de Baker e Popham tem como pretensão apenas a competência, sendo as habilidades somente etapas intermediárias do desenvolvimento curricular (LOPES; MACEDO, 2011, p. 54).

> Seria, no entanto, um contrassenso defender que a racionalidade tyleriana que percebemos presente nas políticas recentes seja essencialmente aquela proposta por Tyler. Trata-se de uma tradição que veio se deslocando no tempo e no espaço e, se presente hoje nas políticas curriculares, só o é como fragmentos reterritorializados e ressincronizados num mundo no qual as formas de saber e produzir já não são mais as mesmas. Por mais que a noção de competência apareça em muitas políticas expressas como comportamentos, também não é incomum que sejam expressas no que Perrenoud definiria como características gerais da ação humana: saber-fazer, saber-ser, saber-aprender, cooperar ou até viver. O deslizamento entre tais formulações se insere no contexto do que tem sido chamado de pós-modernidade. Se os objetivos comportamentais de Tyler respondiam, entre outras, às demandas de uma industrialização

> em ascensão, as competências tal como aparecem nas recentes políticas curriculares respondem a uma demanda por trabalhadores polivalentes para um mercado em constante transição. São, portanto, outra e a mesma coisa. Vão no esteio da racionalidade tyleriana (e eficientista) ao estabelecerem para a escola a função de preparar para o mercado de trabalho. Ao mesmo tempo, dela se afastam propondo competências gerais, na medida em que as necessidades desse mercado não mais podem ser precisadas. (LOPES; MACEDO, 2011, p. 57)

No excerto anterior, explicita-se a noção de que toda definição de currículo carrega consigo uma visão de sociedade e do papel do conhecimento nessa sociedade. Explicita-se, também, que não é sem contradições que, historicamente, conceitos e ideias são retomados e transformados, ganhando novos significados. As políticas curriculares atualmente vigentes têm, muitas delas, a noção de competência em seu centro, e a essa noção se associa uma percepção de mensuração por meio das habilidades, que são, em verdade, manifestações de ações (comportamentos) de quem aprende e se torna competente. Entretanto, essas ações ou habilidades não são meras respostas a estímulos controlados/controladores. Elas são carregadas de valores, como propõe Perrenoud, ao relacioná-las ao saber-fazer, ao saber-ser, ao saber--cooperar e ao saber-viver. Essa noção de currículo é central na proposta da escola em que a pesquisa deste livro foi realizada. Trataremos disso com mais detalhamento no capítulo 4.

Além de Bruner (1966) e Machado (2009), para embasar nossa análise sobre currículo, encontramos outros autores que subsidiam nossa construção teórica: Machado (2000) e Fazenda (1993) para interdisciplinaridade; D'Angelo (2007) para integração curricular em Escola Técnica; Nicolescu (1999) para transdisciplinaridade; Santaella (2009) para aprendizagem no século XXI; e Cope e Kalantzis (2000) sobre pedagogia dos multiletramentos.

Bruner (1966) defende que captar a estrutura de uma determinada matéria em estudo é compreendê-la de maneira que possa a ela relacionar, de modo significativo, várias outras coisas. Aprender estrutura, em síntese, é aprender como as coisas se relacionam. Assim, é possível apresentar o que ele chama de estrutura fundamental de uma disciplina de maneira a manter algumas sequências excitantes que levam o aluno a descobrir por si mesmo. Além disso, o autor argumenta que há quatro alegações de ordem geral em defesa do ensino da estrutura fundamental de determinada matéria de estudo. A primeira é a de que entender os fundamentos faz a matéria mais compreensível. A segunda tem relação com a memória humana. Para o autor, o que de mais elementar se pode afirmar sobre a memória humana, depois de um século de pesquisa intensiva até a década de 1960, é que brevemente se esquece de um pormenor, a não ser que este seja colocado dentro de um padrão estruturado. Os pormenores mantêm-se na memória por mérito do uso de modos simplificados de representá-los. A terceira alegação diz respeito à possibilidade de "transferência da aprendizagem" quando ocorre, de forma efetiva, a compreensão de princípios e ideias fundamentais. Entender algo como exemplo específico de um assunto mais geral é ter aprendido não só um ponto específico, mas aliado a isso um modelo para a compreensão de outros pontos semelhantes que se pode encontrar. O quarto argumento em defesa da ênfase na estrutura e princípios no ensino é que, pelo reexame permanente do que estiver sendo ensinado nas escolas básicas em seu aspecto fundamental, há a possibilidade de diminuição da distância entre o conhecimento "avançado" e o conhecimento "elementar".

Segundo o autor, o ato de aprender envolve três processos quase simultâneos: a "aquisição" de nova informação que, com frequência, contraria ou substitui o que o aprendiz anteriormente sabia, implícita ou explicitamente; a "transformação", ou seja, o processo de utilizar o conhecimento de maneira a adaptá-lo a novos trabalhos; e a "avaliação" que possibilita conferir se a maneira como usamos a informação é adequada ao trabalho pretendido (BRUNER, 1966, p. 44).

Por fim, Bruner indaga, como critério para a avaliação de qualquer matéria ensinada na escola básica, se, ao ser plenamente desenvolvido, será o conhecimento valioso para o adulto e se, tê-

-lo adquirido quando criança fará dela um adulto melhor. Caso a resposta a essas perguntas for negativa ou ambígua, conclui-se que essa matéria estará atrapalhando o currículo (BRUNER, 1966, p. 48).

Machado (2009) afirma que a formação de pessoas e profissionais competentes para a vida em sociedade e atuação no mundo do trabalho é a finalidade da educação, sendo ela uma competência que está sempre relacionada a uma mobilização de saberes. O autor enfatiza, ainda, que a escolha adequada da escala no mapeamento das noções relevantes faz com que qualquer assunto possa ser abordado em qualquer tempo.

Ambos os autores, a despeito de enfoques e desdobramentos diferentes, trazem para o centro da discussão a relevância (ou fundamento) e a finalidade educacional como critérios para seleção do que ensinar no âmbito das disciplinas que compõem o currículo.

Para prosseguir em nossa construção teórica, fazia-se necessário compreender a relação entre as disciplinas para se pensar a questão da integração. Uma possível via é a interdisciplinaridade, já que ela

> não dilui as disciplinas, ao contrário, mantém sua individualidade. Mas integra as disciplinas a partir da compreensão das múltiplas causas ou fatores que intervêm sobre a realidade e trabalha todas as linguagens necessárias para a constituição de conhecimentos, comunicação e negociação de significados e registro sistemático dos resultados. (PCN, 1999, p. 89)

Segundo Fazenda (1993, p. 15-18),

> o pensar interdisciplinar parte do princípio de que nenhuma forma de conhecimento é em si mesma racional. Tenta, pois, o diálogo com outras formas de conhecimento, deixando-se interpenetrar por elas. Assim, por exemplo, aceita o conhecimento do senso comum como válido, pois é através do cotidiano que damos sentido às nossas vidas. Ampliado através do diálogo com o conhecimento científico, tende a ser uma

dimensão utópica e libertadora, pois permite enriquecer nossa relação com o outro e com o mundo.

Propostas e projetos interdisciplinares assumem, assim, grande relevância na organização curricular da escola, muito porque possibilitam almejar, junto aos alunos, objetivos futuros dentro de contextos reais vivenciados pelos discentes em sua própria historicidade. Possibilitam, também, enxergar quais são suas aptidões, descobrir como desenvolvê-las e promover procedimentos de avaliação por competências em vez do mero domínio de conteúdos. Consequentemente, temos a ideia de rede de significações, em que os alunos conseguem interligar “nós” de diferentes componentes curriculares para formarem uma teia cada vez maior de possibilidades de compreender, relacionar, avaliar, aplicar e transformar o que é aprendido, tornando-se capazes de selecionar quais são os conhecimentos necessários para alcançarem determinados fins (MACHADO, 2000).

A integração curricular é, pois, um princípio global que merece ser traduzido para os diferentes contextos de ensino, uma vez que as finalidades almejadas pelos sujeitos que aprendem e ensinam são marcadas histórica e culturalmente e, portanto, resguardam características locais. D’Angelo (2007) apresenta uma análise histórica do Ensino Técnico integrado ao Médio em São Paulo desde a década de 1970 até 2007, justificando a importância da integração ao provar a sua maior qualidade diante dos cursos Médio e Técnico separados e mostrando a função de uma escola técnica para a sociedade brasileira. De maneira semelhante a essas ideias, este trabalho de pesquisa parte da premissa que os sujeitos (discentes da Etec Jorge Street) podem utilizar o que aprendem na escola em múltiplos contextos de sua vida, não obrigatoriamente para atuarem em empresas. No trabalho citado, a autora destaca que o público da Escola Técnica Federal de São Paulo era formado por filhos da classe média operária e estes buscavam basicamente uma profissão para sobreviver e até custear os estudos em nível Superior, a fim de evoluir numa empresa. Esta realidade se difere bastante da encontrada atualmente na Etec Jorge Street, já que muitos pais escolhem esta instituição para os filhos, pois não podem mais arcar com mensalidades de escolas particulares e percebem pelos resultados oficiais (Enem, Saresp, aprovação em grandes universidades e índice de empregabilidade dos técnicos) que seus filhos podem ter uma formação de qualidade semelhante ou melhor que as instituições privadas da região.

Essa formação de qualidade que ocorre a partir de escolhas curriculares feitas por uma determinada escola não pode desconsiderar a relação local-global-local presente em nossa sociedade digital. Santaella (2009) discute se o acesso livre e ubíquo ao conhecimento, isto é, àquilo que podemos chamar de aprendizagem ubíqua, tem poderes para substituir a educação formal. Ela defende a ideia de que a hipercomplexidade da cultura vivida por nós é reflexo do envolvimento de seis tipos de lógicas comunicacionais e culturais: a cultura oral, a escrita, a imprensa, a cultura de massas, a cultura das mídias e a cibercultura.

> A aprendizagem ubíqua, espontânea, contingente, caótica e fragmentária está próxima, mas não é exatamente como a educação informal. A não coincidência entre educação informal e aprendizagem ubíqua acontece devido às condições que se mostram tão novas que parecem merecer que seja caracterizada a distinção entre educação e aprendizagem. Isto é, surge uma modalidade de aprendizagem que é tão contingencial, inadvertida e não deliberada que prescinde da equação ensino-aprendizagem típica dos modelos educacionais e das maneiras de educar. O que emerge, assim, é um processo inovador de aprendizagem sem ensino. (SANTAELLA, 2009, p. 21)

Segundo a autora, o grande desafio dos sistemas educacionais e curriculares no mundo contemporâneo é como desenvolver estratégias integradoras para entrar no jogo das complementaridades.

Anteriormente neste capítulo, alinhamo-nos na defesa dos projetos interdisciplinares como uma boa estratégia organizacional dos conteúdos escolares. Além dessa estratégia, encontramos, na Pedagogia dos Multiletramentos, de Cope e Kalantzis (2000) outra referência em resposta às inquietações de integração não só de conteúdos, mas, também, das realidades locais e globais e da questão das aprendizagens formais, informais e ubíquas em uma sociedade digital. Para esses autores, vivemos em um período de dramática mudança econômica global, como os novos negócios e gerenciamento de teorias e práticas que emergem ao redor do mundo desenvolvido. Essas teorias e práticas enfatizam a competição e os mercados centrados em mudança, flexibilidade, qualidade e nichos distintos. Uma nova terminologia inteira atravessa e reatravessa as fronteiras entre, por um lado, esses discursos de novos negócios e gerenciamento e, de um lado, os discursos relacionados à educação, reforma educacional e ciência cognitiva. A nova teoria de gerenciamento usa palavras que são muito familiares aos educadores, como conhecimento (como em "trabalhador do conhecimento"), aprendizagem (como em "organização da aprendizagem"), colaboração, avaliações alternativas, comunidades de prática, redes de trabalho, entre outras. Aliado a isso, interesses e termos-chave de vários discursos críticos e pós-modernos que focam em liberação, destruição de hierarquias e honra da diversidade encontraram seu caminho dentro desses novos discursos de negócios e gerenciamento.

Em relação a esse novo ambiente delineado pelos proponentes da Pedagogia dos Multiletramentos, as duas questões fundamentais para o currículo e para as práticas pedagógicas são reabertas. São elas o "que ensinar" (ou, em outra perspectiva, o que os estudantes precisam aprender) e do "como ensinar" (ou o conjunto de relacionamentos apropriados à aprendizagem). No que diz respeito à primeira questão, os autores propõem uma visão ampla de letramento, com base no conceito de "*available designs for meaning*" (esquemas de significação disponíveis). Trata-se de esquemas que herdamos culturalmente e que nos permitem estabelecer relações com o mundo à nossa volta. O termo "peru", por exemplo, tem diferentes esquemas de significação para um brasileiro, falante de língua portuguesa, que pode associá-lo ao animal e também a uma celebração (Natal), a uma falha absurda do goleiro no jogo de futebol (Que peru! Que frangaço!), a um país (Peru – peruano) ou, se tiver mais de trinta anos, a um personagem de humor bastante marcante em programas de televisão (Seu Peru). Para um americano, falante de língua inglesa, o termo "*turkey*" pode evocar, além da celebração do Natal, uma celebração distinta (Dia de Ação de Graças), um país distinto (Turquia), ou a sintomática vivida por um usuário de drogas durante um período de abstinência (*cold turkey*). Ao mesmo tempo que os herdamos culturalmente, esses esquemas de significação nos abrem possibilidades de criar novas interpretações em um processo fluido que envolve não só o significado linguístico, mas também o visual, o auditivo, o gestual, o espacial e o multimodal.

No que diz respeito à segunda questão, os autores propõem que o ensino seja culturalmente sensível, e crie situações de aprendizagem nas quais os alunos possam vivenciar a construção de sentidos tanto em sua dimensão particular ou privada quanto na confrontação de outras perspectivas em uma dimensão pública e crítica. Essas situações precisam, também, resguardar espaços de ensino explícito para que o conhecimento como herança da humanidade, com toda metalinguagem a ele associado, seja também introduzido no universo dos alunos. Essa combinação entre vivência, crítica e instrução provoca a reorganização dos esquemas de significação disponíveis aos alunos, que nesse movimento de transformação, também precisam experimentar situações de aplicação e de uso do que foi aprendido.

Fechamos, assim, o desenho do aporte teórico que nos acompanhou ao longo da pesquisa, desenho esse marcado pela busca de maior compreensão das ideias de currículo, integração e interdisciplinaridade para responder a inquietações suscitas pelo contexto de ensino em uma escola técnica contemporânea.

3. Metodologia

Neste capítulo serão apresentados os objetivos, justificativa, pergunta e hipóteses de pesquisa, os procedimentos metodológicos de coleta e análise dos dados e o perfil dos participantes e da escola técnica estadual e do Centro de Educação Tecnológica Paula Souza, onde os dados foram coletados e as atividades elaboradas e aplicadas.

3.1 Justificativa

A fragmentação curricular traz em sua essência a perda do significado dos conteúdos a serem estudados e cria uma situação em que os próprios discentes precisam organizar os diferentes conteúdos para se tornarem competentes em determinadas situações. Em um mundo em que boa parte dos alunos têm acesso a uma variedade enorme de informações, "com múltiplas possibilidades de aprendizagem não formal ou ubíqua" (SANTAELLA, 2009), cabe retomar e rediscutir o papel do professor como criador de dispositivos pedagógicos (sequências didáticas ou projetos) que contribuam para que os estudantes enxerguem, problematizem e relacionem os conteúdos trabalhados na escola a situações do cotidiano que eles vivenciam e potencialmente vivenciarão.

3.2 Objetivo

A presente pesquisa teve como objetivo investigar estratégias planejadas e implementadas para integrar os componentes curriculares do Ensino Médio partindo da área de Linguagens. A escolha pela área de Linguagens justifica-se pois o pesquisador, e principal docente envolvido na pesquisa, leciona Língua Portuguesa e Literatura na escola que foi escolhida para o lócus, bem como tem experiência como docente de Inglês na mesma instituição.

Para tanto, a investigação foi organizada em duas etapas. Na primeira etapa, foi feito um estudo dos planos de trabalho de Língua Portuguesa e Literatura, Artes, Educação Física e Inglês de uma escola técnica estadual da região metropolitana de São Paulo. Nessa etapa, o objetivo foi investigar os possíveis elos já existentes dentro de cada um desses componentes curriculares, a fim de integrá-los. Posteriormente, houve a análise das possibilidades de integração entre os quatro componentes através de temas interdisciplinares relevantes à comunidade escolar estudada. Na segunda etapa, por meio da elaboração e implementação de uma proposta didática, os significados da integração foram discutidos levando-se em conta a perspectiva dos estudantes. Pretendeu-se, assim, evidenciar como a perspectiva de integração pode trazer ganho de significado na aprendizagem e crescimento da visão geral de mundo dos alunos, possibilitando-lhes um posicionamento mais crítico e contextualizado frente aos conhecimentos.

3.3 Metodologia da pesquisa: da pesquisa-ação à pesquisa de professor

Inicialmente, a pesquisa pretendia ser uma pesquisação, feita pelo pesquisador, também docente de Língua Portuguesa e Literatura, dentro de duas áreas: desenvolvimento profissional e contínuo dos professores, para o aperfeiçoamento de habilidades de ensino e novos métodos de aprendizagem, além do aumento das possibilidades de análises aprofundadas da própria consciência; e gerenciamento e controle, com o intuito de introduzir gradualmente técnicas de modificação no comportamento docente (COHEN; MANION; MORRISON, 2001). A pesquisação foi escolhida inicialmente, pois vislumbrava-se a possibilidade de contribuir não só para a própria prática do docente pesquisador, mas para ampliar o acesso a teorias educacionais a outros professores, conforme defende Stenhouse (1979 apud COHEN et al., 2000, p. 227).

No primeiro momento, pensou-se em uma pesquisação emancipatória, pois teria como objetivo não só o aperfeiçoamento docente técnico e prático, mas também mudanças do próprio sistema de ensino das Escolas Técnicas Estaduais de São Paulo ou das condições que impedem o aperfeiçoamento desejado deste sistema (ZUBER-SKERRITT, 1996 apud COHEN et al., 2000, p. 232). Isto seria possível através da apresentação dos resultados desta pesquisa ao Laboratório de Currículos do Centro Paula Souza.

Além disso, segundo Tripp (2005), a pesquisação educacional apresenta-se como primordial em uma estratégia para desenvolvimento coletivo de professores e pesquisadores de maneira que eles possam utilizar suas pesquisas para aperfeiçoar seu ensino e, por consequência, o aprendizado de seus alunos.

Sendo assim, apesar do presente projeto ter um caráter de pesquisação, não teve a participação efetiva de outros professores, senão o próprio pesquisador, professor de Língua Portuguesa e Literatura. Dessa forma, o que se fez foi uma "pesquisa de professor", de acordo com Freeman (1998).

Freeman (1998) defende que a atividade de ensinar em si é modificada sensivelmente quando o processo de pesquisa é introduzido. Da mesma forma, pesquisa e o trabalho do pesquisador são alterados quando essas funções são empreendidas por professores. Algumas mudanças são muito íntimas e de menor escala para o professor e outras são amplas e sociopolíticas em sua natureza. São mudanças que podem reposicionar os professores em relação àqueles em nossa sociedade que são vistos como os criadores do conhecimento, gerenciadores de políticas educacionais, e que, de certa forma, dão os rumos e os caminhos nos quais os professores trilham e realizam seu trabalho.

Aliado a isso, Freeman afirma que as grandes mudanças citadas não são fáceis nem simples de se começar. Elas podem colocar professores em conflito em relação a como outros profissionais da educação veem seu trabalho. Quando o autor utiliza o termo "professor", ele se refere àqueles cujo sustento é baseado em ensinar determinado assunto a outras pessoas. Ou seja, pessoas que são pagas para ensinar conteúdos específicos para outras, crianças ou adultos, dentro de organizações chamadas "salas de aula". Salas de aula, se localizadas em escolas ou em outras organizações, são repletas de valores e expectativas que ajudam a moldar os contornos do ensino e da aprendizagem dentro delas. Freeman quer reconhecer as pressões reais que esses contextos sociais de ensino exercem em como o trabalho do professor é organizado, como seu tempo é utilizado, e o que é valorizado e esperado deles pelos administradores, pais e comunidade escolar. Em muitos sistemas educacionais ao redor do mundo, esse contexto social pouco reconhece ou valoriza os professores que escolhem investigar e, no melhor sentido, questionar seu próprio trabalho. No entanto, esse *status quo* pode ser mudado.

Aquilo que pode e será o diferencial para a imagem que o professor tem como profissional, no melhor sentido, para outros na comunidade escolar e para o público em geral, é o fato de que o professor profissional não se baseia simplesmente na experiência, mas desenvolve sua competência dentro de um entendimento disciplinado e articulado da experiência. Sendo assim, num sentido mais amplo, ser e tornar-se um professor-pesquisador significa se reposicionar como um professor em relação ao que é esperado sobre o que o mesmo faz em seu trabalho. Esse reposicionamento depende da articulação de seu conhecimento e compreensão a respeito do ensino e da aprendizagem.

Freeman faz cinco proposições a respeito da "pesquisa de professor". Ele as chama de proposições porque fornecem uma redefinição de pesquisa e trazem os elementos teóricos que unem o trabalho realizado por um professor e por um pesquisador. Elas são proposições, além disso, porque estão abertas à discussão.

> *Proposition 1: To truly make research a central part of teaching, we must redefine research. [...]*
>
> *Proposition 2: Research can be defined as an orientation toward one's practice. It is questioning attitude toward the world, leading to inquiry conducted within a disciplined framework. [...]*
>
> *Proposition 3: There is, as yet, no publicly recognized "discipline" of teaching. Teachers do not think of themselves as producing knowledge; they think of themselves as using it. [...]*
>
> *Proposition 4: Inquiry - and not procedure - is the basis of teacher-research.*
>
> *Proposition 5: Creating a discipline of teaching requires making public one's findings. To do so teacher-researchers need to explore new and different ways of telling what has been learned through their inquiries.* (FREEMAN, 1998, p. 5-15)

A primeira proposição aponta para a necessária redefinição do que é pesquisa. Em língua inglesa, escreve-se "Pesquisa de Professor" unindo dois substantivos por um hífen: *Teacher--Research.* Para o autor, ser um professor-pesquisador significa trabalhar neste hífen. Entretanto, é preciso considerar uma certa assimetria entre esses dois substantivos que formam um novo todo na medida em que o hífen une pessoa (professor) a um processo (pesquisa).

A segunda proposição indica uma certa inclinação ou orientação, uma atitude de questionamento de mundo e da própria prática que conduz à investigação disciplinada e metódica. Como qualquer domínio profissional, a pesquisa, como o ensino, depende de terminologia para definir seu terreno. Essa terminologia cria um mapa que esclarece certas características da atividade e, sem dúvida, também menospreza outras. Esta proposição introduz três palavras-chave: orientação, investigação e disciplina (como método).

A terceira proposição problematiza o fato de que o ensino ainda não possui o reconhecimento público que lhe confira o *status* de disciplina (como campo de conhecimento). Não é estranho, pois, que muitos professores não pensem em si próprios como produtores de conhecimento.

A quarta proposição destaca o papel da pergunta, da inquietação que leva ao questionamento. Nesse sentido, não é o procedimento por si só que está na base da pesquisa de professor, mas sim o ato de formular perguntas e de se questionar acerca de quais seriam as possíveis respostas.

Por fim, a quinta proposição indica que para dar ao ensino o estatuto de disciplina é preciso criar uma linguagem própria que possibilite a circulação de ideias entre aqueles que integram essa comunidade profissional, e isso só é possível se o professor--pesquisador se dedicar a tonar públicas as suas descobertas. Freeman propõe, como sugestão de princípios de controle no desenho da pesquisa feita por um professor-pesquisador, a tipologia de Van Lier (apud FREEMAN, 1998). Para esse autor, há dois princípios básicos. O primeiro é o da *organização*, que ele chama de "seletividade", e o segundo é aquele da *intervenção*. Juntos, esses princípios esboçam os tipos de controle que o professor--pesquisador pode exercer no desenho da pesquisa. No que diz respeito à organização, o professor-pesquisador decide como ele quer estruturar o relacionamento com os participantes e o cenário a ser estudado. Já no que concerne a intervenção, o professor--pesquisador decide o quanto ele quer intervir e interagir com o que está acontecendo naquele ambiente como parte do processo de pesquisa.

Van Lier utiliza os dois princípios como eixos, conforme a Figura 1 a seguir.

Figura 1 – Tipologia de Van Lier (apud FREEMAN, 1998)

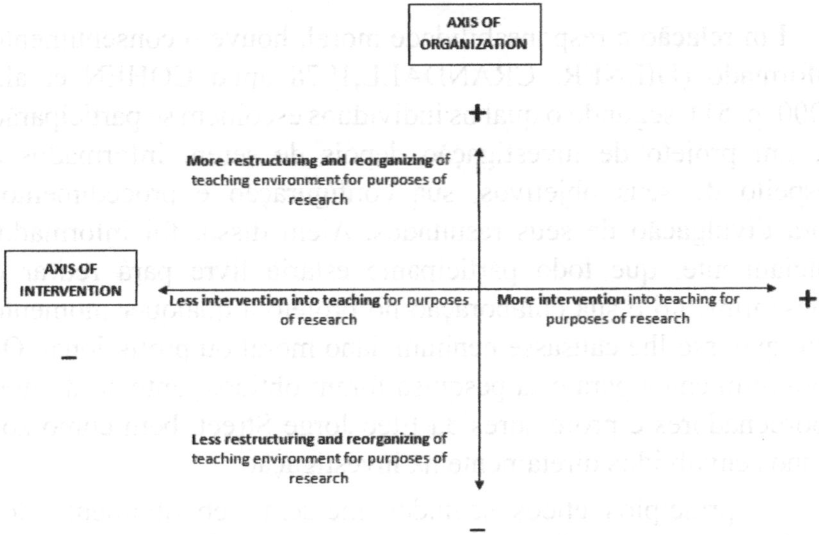

O eixo vertical de organização vai da maior para a menor ordem da estrutura e da posição do professor-pesquisador no processo de pesquisa. O eixo horizontal de intervenção vai da maior para a menor interação direta e envolvimento do professor-pesquisador com os participantes e o ambiente da pesquisa.

Como a pesquisa apresentada foi organizada em duas etapas, há duas configurações distintas na composição de seu desenho. A primeira etapa, de caráter bibliográfico e documental, situa-se na menor intervenção no eixo horizontal e na menor reestruturação no eixo vertical. A segunda etapa, de natureza empírica, enquadra-se na maior intervenção dentro do ensino no eixo horizontal e maior reestruturação e reorganização no ambiente de ensino no eixo vertical. No esquema ilustrativo de Van Lier, a primeira etapa encontra-se no quadrante esquerdo inferior e a segunda etapa, no quadrante direito superior.

3.3.1 Moral e ética da pesquisa

Em relação à responsabilidade moral, houve o consentimento informado (DIENER; CRANDALL,1978 apud COHEN et al., 2000, p. 51), segundo o qual os indivíduos escolhem se participarão de um projeto de investigação depois de serem informados a respeito de seus objetivos, sua configuração e procedimentos para divulgação de seus resultados. Além disso, foi informado, inicialmente, que todo participante estaria livre para retirar o consentimento e sua colaboração no projeto a qualquer momento sem que isso lhe causasse nenhum dano moral ou profissional. Os consentimentos para esta pesquisa foram obtidos junto ao diretor, coordenadores e professores da Etec Jorge Street, bem como aos alunos envolvidos diretamente na investigação.

Os princípios éticos seguidos incluem envolvimento dos participantes; negociação com aqueles afetados; relatório de progresso aos participantes; obtenção de autorizações explícitas; valorização do ponto de vista daqueles envolvidos; consciência de compromisso para a manutenção de confidencialidade; e conservação de direito para relato do trabalho (KEMMIS; McTAGGART,1981 apud COHEN et al., 2000, p. 68). Não houve, ao longo da investigação, conflitos de natureza ética, mas vale ressaltar que na primeira etapa, especialmente no registro e relato das aulas observadas, havia, potencialmente, o risco de que a exposição de evidências negativas da prática docente dos colaboradores soaria como traição. A fim de lidar com isso, tanto os relatórios e avaliações do material colhido quanto os registros de observação foram apresentados para validação pelos professores envolvidos como sugere Kelly (1989a apud COHEN et al., 2000, p. 63).

Na segunda etapa, os alunos que participaram como sujeitos foram escolhidos por um procedimento de amostragem de conveniência sem probabilidade (COHEN; HOLLIDAY, 1979, 1982, 1996; SCHOFIELD, 1996 apud COHEN et al., 2000, p. 99). Todos os alunos da turma de 3° ano do curso de Ensino Técnico integrado ao Médio, no qual o docente de Língua Portuguesa e Literatura estava lecionando no momento da elaboração do projeto, foram convidados a participar em atividades em horário de contraturno de aulas, e delas participaram apenas aqueles que manifestaram interesse, sem nenhum constrangimento ou pressão por parte do professor-pesquisador ou da equipe gestora da escola.

3.3.2 A pergunta de pesquisa

Como citado na Introdução, partindo do pressuposto que a fragmentação curricular prejudica a formação do aluno, a presente pesquisa tem como hipótese que a integração dos componentes curriculares para além das distinções entre interdisciplinaridade, transdisciplinaridade e multidisciplinaridade, pode superar a fragmentação curricular. Sendo assim, a investigação é norteada pela seguinte questão de natureza bastante abrangente: Quais são os possíveis caminhos para a integração curricular da área de Linguagens no Ensino Médio integrado ao Técnico?

3.4 Contexto da pesquisa

Para que se possa contextualizar o lócus da pesquisa, vale discorrer, mesmo que breve e pontualmente, sobre alguns dos fatos históricos marcantes do Ensino Técnico no Brasil e em São Paulo já que eles, de certa forma, explicam uma certa indefinição de identidade e de finalidade no contexto específico em que a pesquisa se desenvolveu. Também é importante descrever tanto a unidade escolar quanto a rede a que ela pertence. É isso o que se lerá a seguir.

3.4.1 Fatos históricos marcantes do Ensino Técnico no Brasil e em São Paulo

Por ter sido um momento marcante para os rumos do Ensino Médio no Brasil, segundo Regattierre et al. (2010 apud BEZERRA,

2012, p. 34), a Lei de Diretrizes e Bases da Educação n. 5.692, de 1971, teve como desdobramento a diminuição no aumento da demanda de vagas para cursos superiores. Aliado a isso, a política de profissionalização no sistema público de ensino não obteve êxito, principalmente, por motivos estruturais e conjunturais, como falta de estrutura para implantação de cursos técnicos e de docentes habilitados para lecionar. Foi nessa época que o hoje Ensino Médio sofreu uma oscilação de identidade, seja a acadêmica e propedêutica para o ensino universitário, seja a de conclusão profissional.

Posteriormente, a Lei de Diretrizes e Bases da Educação Nacional n. 9.394, de 1996, em sua oitava edição atualizada de 2013, mantém a flexibilidade no que diz respeito à duração do Ensino Médio ao estabelecer o prazo mínimo de três anos para o seu término. Além disso, ao mesmo tempo que propõe o destaque para a educação tecnológica básica, propõe, como objetivos gerais, a compreensão do significado da ciência, das letras e das artes; o processo histórico de transformação da sociedade e da cultura; e o ensino de língua portuguesa como instrumento de comunicação, acesso ao conhecimento e exercício da cidadania.

Além disso, a LDB n. 9.394/96 prevê diferentes formas de organização da educação profissional técnica de nível médio, que pode se organizar de forma articulada ao Ensino Médio ou subsequente, em cursos para estudantes já formados.

3.4.2 O Centro Estadual de Educação Tecnológica Paula Souza

O Centro Paula Souza é uma autarquia do Governo do Estado de São Paulo e administra Escolas Técnicas (Etecs) e Faculdades de Tecnologia (Fatecs) estaduais, bem como classes descentralizadas – unidades que funcionam com um ou mais cursos técnicos sob a supervisão de uma Etec – em cerca de 300 municípios paulistas. O Centro está vinculado à Secretaria de Desenvolvimento Econômico, Ciência, Tecnologia e Inovação.

As Etecs são responsáveis por mais de 221 mil estudantes, nos Ensinos Médio, Técnico integrado ao Médio e no Ensino Técnico, para os setores Industrial, Agropecuário e de Serviços. Nas Fatecs, há aproximadamente 67 mil alunos matriculados nos cursos de graduação tecnológica.

O Centro Paula Souza começou em 6 de outubro de 1969. No entanto, as primeiras reuniões do Conselho Estadual de Educação para a criação da instituição ocorreram em 1963, quando havia a necessidade de formação profissional para acompanhar o crescimento industrial paulista.

A ideia de criar um Centro Estadual relacionado à Educação Tecnológica foi reforçada no momento em que Roberto Costa de Abreu Sodré assumiu o governo do Estado de São Paulo, em 1967. Em outubro de 1969, o governador Abreu Sodré assinou o Decreto-Lei que criou a entidade autárquica com o objetivo de articular, realizar e desenvolver a educação tecnológica para o Ensino Médio e Superior.

O professor Antônio Francisco de Paula Souza foi o fundador da Escola Politécnica de São Paulo – Poli, hoje faculdade da Universidade de São Paulo. Professor, engenheiro e político, Paula Souza nasceu em Itu, em 1843. Formou-se em Engenharia em Carlsruhe, na Alemanha, e em Zurique, na Suíça. Convidou especialistas europeus e americanos para lecionar na Poli, na qual foi o primeiro diretor, de 24 de novembro de 1894 a abril de 1917, quando faleceu, em São Paulo (CENTRO PAULA SOUZA, 2014).

3.4.3 A Etec Jorge Street: histórico da escola

A escola foi criada em 1975 e inicialmente foi denominada Colégio Técnico Industrial Jorge Street. Em 1982, passou a ser Escola Técnica Estadual Jorge Street. A unidade, integrada ao Centro Paula Souza, também tem vínculo com a Universidade Estadual Paulista Júlio de Mesquita Filho.

Essa Etec é uma homenagem a Jorge Luís Gustavo Street. Ele nasceu em 22 de dezembro de 1863, no Rio de Janeiro. Formou-se em 1886 pela Escola de Medicina do Rio de Janeiro e depois fez cursos de aperfeiçoamento em Paris, Berlim e Viena. Ao regressar ao Brasil, atuou como médico no Rio de Janeiro e em Petrópolis. Em 1894 ingressou na atividade industrial.

No ano de 1900, foi eleito para a diretoria da Sociedade Auxiliadora da Indústria Nacional e, em 1904, com a fusão da Sociedade Auxiliadora com o Centro de Fiação e Tecelagem de Algodão, resultando no Centro Industrial do Brasil, foi eleito seu secretário-geral, permanecendo até 1927.

Em 20 de junho de 1926, elegeu-se presidente do Centro dos Industriais de Fiação e Tecelagem de São Paulo, ocupando o cargo até 18 de março de 1929. Em 11 de junho de 1927, fundou a Companhia de Tecidos de Algodão, no bairro da Mooca, São Paulo. Em 1928, integrou a diretoria do Centro das Indústrias do Estado de São Paulo no cargo de primeiro-secretário.

No dia 31 de março de 1931, foi nomeado diretor-geral do Departamento Nacional de Indústria e Comércio, do Ministério do Trabalho, Indústria e Comércio. Faleceu em São Paulo, em 23 de fevereiro de 1939 (ETEC JORGE STREET, 2014).

3.4.4 A Etec Jorge Street em 2014

Atualmente, a escola oferece os cursos de Ensino Médio regular, no período matutino, e Ensino Técnico de Informática, Mecatrônica, Eletrônica e Administração integrados ao Ensino Médio com a carga horária distribuída pela manhã e à tarde. Além desses, há os cursos técnicos modulares de Informática e Mecatrônica, à tarde ou à noite, e Administração, Automação Industrial, Eletroeletrônica, Eletrônica, Manutenção Automotiva, Mecânica, Serviços Jurídicos e Telecomunicações, no período noturno. Os técnicos modulares têm a duração de 1 ano e meio ou 2 anos, dependendo do curso.

A Etec Jorge Street possui um quadro de aproximadamente 120 professores e 30 funcionários. Há quase 2 mil alunos matriculados. A estrutura física da escola contém 15 salas de aula com capacidade média de 40 alunos; 1 laboratório de serigrafia; 1 laboratório de Química e Biologia; 1 auditório com capacidade para 86 pessoas sentadas; 1 sala de projeção com computador e *data-show*; 8 laboratórios de Informática; 1 biblioteca; e 2 quadras, uma interna coberta e outra externa (ETEC JORGE STREET, 2014).

3.4.5 O perfil dos participantes da pesquisa

Os alunos da Etec Jorge Street vêm de diferentes realidades sociais e não necessariamente pretendem atuar como técnicos. Muitos apenas buscam o direito legítimo de uma escola pública de qualidade e irão seguir os estudos na universidade, até escolhendo uma área completamente distinta da cursada no técnico. Esta multiplicidade socioeconômica-cultural acontece nesta escola, pois os pais têm grandes dificuldades em encontrar escolas públicas que possibilitem uma boa formação humana e profissional aos seus filhos e uma das inteligentes alternativas é o filho entrar numa escola técnica estadual, tendo ou não como fim seguir na área escolhida.

A presente pesquisa teve como foco uma turma de 3° ano do Curso Técnico de Informática Integrado ao Ensino Médio, da Escola Técnica Estadual (Etec) Jorge Street, localizada em São Caetano do Sul (SP). O curso contém 18 componentes curriculares na série referida e poucos elos práticos entre as diferentes áreas. As disciplinas são: Língua Portuguesa e Literatura; Educação Física; História; Geografia; Filosofia; Sociologia; Matemática; Física; Química; Biologia; Inglês; Programação de Computadores I e II; Desenvolvimento de *Software* I e II; Empreendedorismo; Redes de Comunicação e Dados I e II; Ética e Cidadania Organizacional; Planejamento e Desenvolvimento do Trabalho de Conclusão de Curso (TCC) em Informática; e Programação para Internet. Em seus primeiros anos de implementação (2010 a 2012), depois de 11 anos de separação entre o núcleo técnico e o comum, houve uma crise de identidade entre os discentes e docentes dessa escola no que se refere aos objetivos gerais e específicos do curso, diante da fusão entre a grade curricular do Ensino Médio e o Técnico modular. Alguns professores do Núcleo Comum continuaram a enfatizar o seu trabalho com foco no vestibular e outros, em contextos mais abrangentes da vida dos alunos, mas ambos amparados pelo destaque altamente positivo das Etecs no Exame Nacional do Ensino Médio (Enem), desde o início da publicação dos *rankings*, feitos pelo governo federal, e o alto número de aprovações dos alunos em grandes universidades brasileiras. Do outro lado, professores do Núcleo Técnico mantinham seu trabalho completamente focado em suas especificidades, crendo que o aluno teria por obrigação atuar como técnico primeiro, antes de seguir uma vida acadêmica. Em meio a esta falta de clareza nos objetivos do curso, os alunos sentiram grande dificuldade em organizar seu próprio horário de dedicação aos estudos, por não terem claro em mente a unidade geral e específica dos componentes curriculares. Como resultado, muitos preferiram valorizar mais o Núcleo Técnico, deixando em segundo plano o Núcleo Comum.

Já apresentados o contexto e os participantes da pesquisa, passaremos, nos próximos capítulo, a descrever as diferentes fases em que ela se organizou.

4. Primeira Fase da Pesquisa: análise das possíveis áreas/temas de integração dentro das disciplinas da área de Linguagens e entre elas

A seguinte pesquisa documental fez-se necessária, pois a ideia de currículo integrado não é inovadora no Centro Paula Souza. Esta etapa, então, consistiu-se em localizar e compreender como essa ideia de integração aparecia nos documentos curriculares das Etecs. Para tanto, foram selecionados desde os documentos curriculares orientadores para as Etecs até os planos de aula da área de linguagens, de 2012, na Etec Jorge Street. Essa fase funcionou como um funil que permitiu que o olhar do professor-pesquisador, inicialmente bastante aberto, fosse se estreitando até que o objeto de pesquisa ficasse, ao mesmo tempo, mais bem definido e recortado e, também, devidamente contextualizado.

4.1 Proposta de currículo por competência para o Ensino Médio do Centro Paula Souza – 2012

A Atualização da Proposta de Currículo por Competência para o Ensino Médio do Centro Paula Souza foi um documento publicado em 2012. Esta Proposta foi organizada por áreas, divididas conforme as orientações das diretrizes curriculares, ou seja, há as áreas de Linguagens, Códigos e suas Tecnologias; Matemática e suas Tecnologias; e Ciências da Natureza e suas Tecnologias. Além disso, as bases legais do documento respeitam as Diretrizes Curriculares Nacionais para Educação Básica. Assim, houve a seleção de 11 princípios pedagógicos que se adequassem às Etecs. São eles: ensino-aprendizagem com foco no desenvolvimento de competências; leitura crítica da realidade e inclusão construtiva na sociedade da informação e do conhecimento; a aprendizagem como processo de construção coletiva em situações e ambientes cooperativos; compartilhamento da responsabilidade do ensino--aprendizagem por professores e alunos e respeito à diversidade; valorização da subjetividade e promoção da inclusão ética de identidade; estética da sensibilidade e política da igualdade; autonomia e protagonismo na aprendizagem; contextualização do ensino-aprendizagem; interdisciplinaridade e transdisciplinaridade; problematização do conhecimento; e trabalho por projeto no desenvolvimento e na avaliação do ensino-aprendizagem.

Segundo a Proposta, houve a participação de aproximadamente 200 professores da Instituição. Antes de apresentar os conteúdos eleitos para serem trabalhados no Ensino Médio, o documento relaciona os objetivos em função do perfil do aluno a ser alcançado ao fim de cada ano do Ensino Médio. Todos eles estão centrados nas seguintes competências: dominar linguagens; compreender fenômenos; resolver problemas; construir argumentos; e elaborar propostas.

Em relação aos componentes curriculares, os conteúdos estão divididos por temas e não há uma ordem sugerida para cada série, com exceção de Inglês e Espanhol. Especificamente na área de Linguagens, Códigos e suas Tecnologias, Língua Portuguesa tem quatro temas: usos da língua; diálogo entre textos – um exercício de leitura; ensino de gramática – algumas reflexões; e, texto como representação do imaginário e a construção do patrimônio cultural. Já em Artes, o documento apresenta três temas: aspectos contextuais e históricos das linguagens visuais/sonoras e corporais; elementos expressivos, processos de produção e produtores dos objetos artísticos e culturais nas diferentes linguagens de Artes; e aspectos da cultura e da produção de bens artísticos/culturais. Para Educação Física, existe a proposta de nove temas: esportes coletivos; esportes individuais; esportes radicais; jogos e brincadeiras; ginástica e dança (citada duas vezes com conceitos diferenciados); corpo e movimento; corpo e saúde; e corpo e qualidade de vida. Inglês traz três temas e, diferentemente de quase toda parte do documento, há uma delimitação dos conteúdos por série: usos da língua, aspectos linguísticos e fundamentos da Leitura. Há o conteúdo de Espanhol, porém a escola selecionada para esta pesquisa não oferece este componente, pois há um Centro de Línguas com curso de Espanhol em uma Escola da Secretaria da Educação, localizada no bairro da Etec, e que está aberta aos alunos desta unidade.

Sobre a avaliação, o documento norteador afirma que o processo deve ser constituído por um leque de instrumentos: textos, provas, relatórios, apresentações orais, autoavaliação, roteiros, pesquisas, portfólio, projetos etc.

4.2 Análise da Proposta de Currículo por competência para o Ensino Médio do Centro Paula Souza – 2012

Uma Proposta de Currículo com a participação dos docentes que conhecem a realidade de diferentes unidades escolares e, especificamente, de sala de aula, traz a chance de que o documento seja mais significativo para toda a equipe do Centro Paula Souza. Isso permite a possibilidade de trabalhar com os indivíduos em função de suas aquisições anteriores, evitando elucidar o tédio naqueles que já a conhecem ou precipitação nos que ainda a ignoram.

Pelo fato de os conteúdos de cada componente curricular estarem divididos por temas e não haver uma ordem sugerida para cada série (com exceção de Inglês e Espanhol), os docentes de cada um deles têm autonomia para definir em suas unidades escolares em que momento trabalhar determinado conteúdo definido neste documento.

Por outro lado, em nenhuma parte do documento há orientação sobre os procedimentos didáticos a serem utilizados para ensinar os conteúdos delimitados. Aliado a isso, não estão descritas as justificativas ou relevância das escolhas feitas dos conteúdos. Tudo isso já é percebido no próprio sumário. O que há é uma adequação aos documentos oficiais. Isso não significa que as escolhas não sejam necessárias, mas o docente que lerá o documento precisa dessas justificativas para fazer um trabalho com consciência crítica e formar o aluno crítico, almejado no documento.

Se por um lado, os docentes têm a autonomia de elaborar seus planos de trabalho com orientações abertas para adequarem às suas realidades; por outro lado, isso pode deixar a todos perdidos sobre como trabalharem de uma maneira consistente os conteúdos sugeridos.

4.3 Apresentação dos Planos de Trabalho Docente da área de Linguagens, Códigos e suas Tecnologias, bem como os materiais didáticos utilizados na Etec Jorge Street para identificação de temas de caráter integrador

No Ensino Médio, existe uma variação do número de aulas de um mesmo componente curricular por série e nem todos permanecem nas três séries. Por exemplo, atualmente, Língua Portuguesa e Literatura contém quatro aulas no 1° ano, três no 2° e quatro no 3°. Porém, este número varia nos Cursos Técnicos Integrados ao Ensino Médio e a tendência de modificações é muito provável. Desta forma, os docentes fazem um Plano Geral comum e cada um adapta para a série e curso específico.

No 1° ano, Língua Portuguesa e Literatura do Ensino Médio tem três aulas semanais. O Plano segue o mesmo padrão para todos os componentes curriculares e é dividido em: "Competências e respectivas habilidades e valores"; "Plano Didático" (há uma subdivisão entre Conhecimentos, Procedimentos Didáticos e Cronograma); "Plano de Avaliação de Competências" (dividido em Competências, Indicadores de Domínio, Instrumentos e Procedimentos de Avaliação, Critérios de Desempenho e Evidências de Desempenho); "Material de Apoio Didático para Aluno" (inclusive Bibliografia); "Estratégias de Recuperação Contínua e Paralela" (para alunos com baixo rendimento/dificuldades de aprendizagem); "Identificação do Professor"; e "Parecer do Coordenador de Área". Os Planos seguem a Proposta de Currículo para o Ensino Médio do Centro Paula Souza e isto é avaliado pelo Observatório Escolar da instituição[2]. Essa avaliação, de caráter proativo, auxilia no desenvolvimento de uma cultura organizacional, baseada na constante evolução do pessoal e na melhoria permanente dos processos internos. Pautando-se na compreensão de que uma organização é um sistema que executa seu trabalho através de um leque de atividades inter-relacionadas ou interativas (processos), que exigem recursos e produzem bens e serviços, o Observatório Escolar contém uma etapa inicial em que a própria escola avalia diversos aspectos do seu processo de gestão. A análise das diferentes práticas de cada unidade de ensino, tendo como base uma metodologia de finalidade construtiva e formativa, permite à comunidade escolar a identificação de eventuais fatores críticos, sinalizadores de oportunidades de melhoria, proporcionando assim uma gestão participativa, que se traduz na efetividade do processo de ensino-aprendizagem. Há um grupo de Professores do Observatório que analisa anualmente cada Etec e lhe atribui uma nota, mas há uma meta preestabelecida a ser alcançada, divulgada no ano anterior. Essa nota influencia no valor do bônus-mérito dos professores para o ano posterior.

Especificamente no Plano Didático, o docente tem a liberdade de estabelecer a ordem e a forma de como trabalhar durante o ano. No caso da Etec Jorge Street, os professores de Língua Portuguesa e Literatura do 1º ano do Ensino Médio organizam a parte literária em ordem cronológica, desde "Introdução à Arte e Literatura" até "Arcadismo". Em Gramática, "Língua, Gramática e Variações Linguísticas", "Estilística e Semântica e Figura de Linguagem", "Fonologia e Ortografia" e "Estrutura e Formação de palavras". E, finalmente, em Produção de Textos, temos: "Introdução aos tipos textuais – coesão e coerência", "*E-mail*; diário, *blog* e carta pessoal", "Elementos da organização narrativa – relato pessoal e notícia", e "O texto poético: poesia e prosa". Os Planos de 2º e 3º também seguem esta lógica, e esta sequência segue a do livro didático usado. A escolha deste livro foi feita no ano anterior, pelos docentes da Área, diante de dez opções que o Ministério da Educação propôs por meio do Programa Nacional do Livro Didático (PNLD). Assim, os livros são entregues aos alunos e eles devem ser devolvidos ao fim do ano, para que os novos alunos daquela série possam utilizá-los também. Há uma renovação destes livros, geralmente, de 3 em 3 anos. Os alunos recebem livros de todos os componentes curriculares, atualmente, com exceção de Educação Física. É necessário um cadastro das Escolas Públicas junto ao Inep/MEC para receberem o benefício dos livros didáticos.

Os Planos de Língua Portuguesa e Literatura têm uma divisão entre Literatura, Gramática e Produção de Textos, diretamente influenciada pelo livro didático, a fim de facilitar a organização do trabalho do professor e alunos. No entanto, isso fomenta a fragmentação do conhecimento, fazendo com que os alunos tenham dificuldades de uma visão geral dele. A despeito disso, ao observar cada bimestre de trabalho, é possível estabelecer integrações dentro da disciplina. A título de exemplo, pontuamos, a seguir, algumas dessas possiblidades de integração. No primeiro bimestre, é possível uma introdução dos tipos textuais dentro da esfera literária, ao mesmo tempo que se analisam aspectos linguísticos desses textos. Já no segundo bimestre, as variações linguísticas podem ser observadas dentro do Humanismo, Classicismo, no Teatro de Gil Vicente e em gêneros discursivos como *e-mail*, diário, *blog* e carta pessoal. No terceiro bimestre, figuras de linguagem, análise sintática e morfológica são possivelmente tratadas nos assuntos literários citados e nos gêneros discursivos de relato pessoal e notícia. Finalmente, no quarto bimestre, a estrutura e formação de palavras podem ser trabalhados nos textos literários da esfera literária e os gêneros discursivos citados.

Já numa comparação entre os planos de 1º ano de Língua Portuguesa e Literatura e o de Artes, vemos a possibilidade de um trabalho integrado. Do primeiro ao quarto bimestres, são trabalhados Introdução à Arte e Literatura, Estilos Literários; Trovadorismo; Novelas de Cavalaria; Humanismo; Classicismo; O teatro de Gil Vicente; Literatura Informativa e Jesuítica; Barroco; Arcadismo; Sermões do Padre Antônio Vieira na primeira disciplina citada. Na segunda, são trabalhados História da Arte: movimentos artísticos desde a Pré-História aos Ismos do século XX, e Teatro – exercícios corporais. Outros assuntos também são desenvolvidos, mas destaco aqui os que contêm elos mais aparentes. Sendo assim, temas de caráter interdisciplinar, como: características comuns do Trovadorismo, Humanismo, Classicismo, Barroco e Arcadismo presentes na Literatura e nas Artes Plásticas; a influência do contexto histórico desde o Trovadorismo ao Arcadismo na Literatura e nas Artes Plásticas; a interpretação cênica dos textos de Gil Vicente; e o engajamento político, social e artístico de Gil Vicente e as semelhanças e diferenças com o contexto brasileiro no século XXI. As temáticas indicadas anteriormente levam em consideração a necessidade de estabelecer um meio de viabilizar o confronto aprofundado de diversos conceitos relacionados entre si. Embora a indicação de temas possa restringir as opções de cada professor individualmente é necessário admitir que, diferentemente do que se pensa acerca da autonomia docente, o que provoca a imaginação não é a liberdade mas a restrição, a obrigação em que o sujeito se encontra de levar em conta elementos que até o momento lhe fugiam e de relacioná-los com aquilo que já conhecia.

O componente curricular Artes só faz parte do 1º ano do Ensino Médio e dos Cursos Técnicos Integrados, com três aulas semanais. Existe uma tarefa de, por exemplo, trabalhar toda a História da Arte em um bimestre, segundo o cronograma feito pelo docente da área. Em Literatura e História, esta linha cronológica também é explorada, mas por 3 anos. Assim, vê-se a necessidade de elos entre esses componentes, a fim de que o aluno aproveite o conhecimento adquirido em todos eles de uma forma mais consistente. Já há iniciativas nesse sentido na Etec Jorge Street, quando alguns professores procuram retomar numa aula específica o conhecimento estudado em outro componente. Porém, esta unidade escolar mostra muito mais potencialidades a serem exploradas nesse sentido. Definir conteúdos, temas e objetivos em comum fornece aos práticos uma "língua-instrumento" que lhes permite comunicar-se entre si e definirem uma coerência entre seus trabalhos pedagógicos. (MEIRIEU, 1998, p. 82)

Educação Física é um componente que está nos três anos dos cursos citados, com duas aulas semanais. O conteúdo programático é o mesmo para os três anos, com variações nos procedimentos didáticos. Os conhecimentos trabalhados são: conhecer e praticar esportes coletivos e individuais; diferentes competições; higiene, meio ambiente, ética e cidadania; condicionamento físico; e regras dos esportes. Comparando com o componente curricular de Língua Portuguesa e Literatura do 1º ano, é possível propor um tema articulador que considere a história dos esportes praticados nos períodos que coincidem com os períodos literários em estudo. Também é possível confrontar a existência das regras nos esportes e a no estudo gramatical ou de gêneros textuais, explorando a questão da codificação dos comportamentos verbais e corporais em diferentes épocas e esferas comunicacionais. Inglês é um componente com duas aulas semanais em cada série, com algumas variações para mais em determinados cursos integrados, como Informática, já que este tem duas aulas a mais no 3º ano. A Proposta de Currículo por Competência do Centro Paula Souza apresenta uma divisão dos conteúdos numa sequência de tópicos gramaticais. Embora essa opção possa ser questionada por indicar uma opção pelo trabalho exclusivo da língua como um sistema, ela, ao mesmo tempo, abre uma possibilidade infinita de trabalho com estes tópicos de uma maneira discursiva, contextualizada por meio da escolha de temas e de textos orais e escritos conforme a necessidade dos alunos e de acordo com planos de trabalho da área em conjunto com outros docentes. Desse modo, subverte-se a ideia de linearidade dos conhecimentos gramaticais, ou seja, de que primeiro é preciso aprender o tempo verbal presente em inglês para só então aprender o tempo verbal passado. Esta ideia é fatalmente relacionada à de "currículo espiral", em que ao se ensinar um conceito é necessário começar com um "relato intuitivo" que esteja ao alcance do aluno e, a partir daí, retornar a um relato mais formal ou altamente estruturado, até que, com o número de novos ciclos que sejam precisos, o aluno tenha dominado o assunto ou matéria em sua plenitude (BRUNER, 2000, p.117).

À guisa de ilustração, vimos que é possível localizar pontos de articulação e integração, especialmente pela adoção de uma perspectiva temática no trabalho com os conteúdos indicados no Plano Curricular para as Etecs. Nesse movimento de análise até aqui delineado, pontuamos alguns desses enlaces em séries distintas do Ensino Médio Integrado ao Técnico. Este trabalho de pesquisa, no entanto, previa, como desdobramento, a introdução de uma proposta de integração por meio de uma sequência didática para o 3° ano do Curso Técnico de Informática Integrado ao Médio, já que o professor-pesquisador lecionaria, no ano subsequente, Língua Portuguesa e Literatura nesta turma. Passaremos, então, a focalizar os Planos do 3° ano.

Conforme citado, o Plano didático de Língua Portuguesa e Literatura tem como base a ordem do livro didático. Especificamente no plano didático, em "Conhecimentos", há uma organização dividida entre Literatura e Gramática, conforme a escolha dos docentes da Etec Jorge Street. Vejamos o Plano de Língua Portuguesa e Literatura do 3° ano do Ensino Médio. Isto sintetiza os conhecimentos a serem trabalhados, mas não explicita de que forma serão articulados nas aulas. É perfeitamente possível, por exemplo, trabalhar os conceitos gramaticais citados a partir de textos dos períodos literários descritos ou baseados nos livros literários delimitados. A escolha dos livros coincide com a lista sugerida para os vestibulares da Fuvest/Unicamp.

Numa análise do livro didático de Inglês utilizado no 3° ano do Ensino Médio e Técnicos Integrados, vemos temas de caráter interdisciplinar com mais nitidez, pois a forma de organização dos planos de trabalho apresenta de maneira muito sucinta os conteúdos a serem ensinados, e como já dito anteriormente, com menção exclusiva a conteúdos gramaticais. Em determinada página do livro citado, há um texto retirado do site do *Los Angeles Times*, sobre a história da influência dos musicais norte-americanos nas produções artísticas brasileiras, desde 1930 a 2005. Comparando os planos de Língua Portuguesa e Literatura com Inglês e Educação Física, vemos possibilidades de trabalhos integrados, com os seguintes temas: "A influência da cultura de países de expressão inglesa no modernismo brasileiro"; "Discursos condicionados a situações específicas em Português e Inglês"; e "O papel dos esportes coletivos e individuais, na sociedade brasileira e portuguesa, desde o século XIX ao XX".

Apesar de Artes ser um componente curricular do 1º ano, é perfeitamente possível retomar conteúdos em Literatura, pois há afinidades entre essas duas manifestações culturais e artísticas, bem como referências explícitas a ambas no material didático utilizado na escola. Dessa forma, também se podem sugerir temas como: características comuns do Parnasianismo ao Modernismo na Literatura e nas Artes Plásticas; e a influência do contexto histórico desde o Parnasianismo ao Modernismo na Literatura e nas Artes Plásticas.

Em um outro capítulo do livro de Inglês há outro texto intitulado *The African Brazilian Culture*. Em Língua Portuguesa e Literatura, o Modernismo no Brasil começa a ser estudado no segundo bimestre. Como é sabido, na primeira fase dessa escola literária, há uma revisão crítica de nosso passado histórico, cultural e social, desde a colonização até a Semana de 22. Assim, a cultura dos povos de origem africana é significativamente citada em diferentes textos dos escritores brasileiros. O livro *Capitães da areia* (Jorge Amado) é trabalhado no segundo bimestre, mas o conteúdo específico sobre a segunda fase do Modernismo no Brasil é estudado no terceiro bimestre. No livro de Jorge Amado, a cultura dos povos africanos que vieram para o Brasil é fundante. Dessa forma, invertendo-se a distribuição dos conteúdos prevista no cronograma, o tema integrador "Cultura dos povos de origem africana no Brasil" parece ser bastante adequado e pertinente.

Como vimos, há várias aproximações para o trabalho articulado entre os quatro componentes curriculares da área de

Linguagens. Para o andamento da pesquisa, impunha-se, então, a seleção de um deles. A "Cultura dos povos de origem africana no Brasil" foi o escolhido, especialmente devido ao fato de propiciar o enfoque mais explícito dessa temática, prevista em legislação (Lei n. 10.639/2004 de Diretrizes e Bases da Educação Nacional). Entretanto, antes de fechar essa escolha, foi realizada uma etapa de observação de aulas, com base na compreensão de que nem sempre os documentos escolares, especialmente os planos, refletem efetivamente as práticas de sala de aula.

4.4 Apresentação e análise dos relatos de aulas de Língua Portuguesa e Literatura, Inglês, Artes e Educação Física, em 2012/2013, na Etec Jorge Street

Fechamos o item anterior referindo-nos à possível diferença entre o registro do que deve ser trabalhado, feito nos Planos, e o trabalho que efetivamente é desenvolvido nas práticas de sala de aula cotidianas. A observação de algumas aulas mostrou-se necessária, pois era preciso entender, de um modo um pouco mais situado, se as propostas de integração identificadas nos documentos analisados, especialmente aquela que fora eleita para a segunda etapa da pesquisa, encontrariam ecos nas situações de aprendizagem já vivenciadas pelos alunos.

Esta etapa de observação de aulas ocorreu no período entre outubro e novembro de 2012. Foram negociados, com os professores das diferentes disciplinas que compõem a área de Linguagens, dias para observação. Como procedimento, foram seguidos os passos indicados a seguir:

(1) agendamento com os professores das aulas a serem observadas;

(2) produção de anotações na forma de um diário de campo durante as observações;

(3) reescrita das anotações do diário para apresentação aos professores observados;

(4) leitura e validação dos registros pelos professores observados;

(5) análise dos relatos de 8 aulas de 50 minutos das disciplinas da área de linguagens, em 2012-2013.[2]

Nos relatos das aulas de Língua Portuguesa e Literatura, fica evidente que há uma separação entre o estudo de Língua Portuguesa e de Literatura. Como o plano da disciplina é muito baseado no livro didático, entende-se essa separação. O conhecimento de mundo dos alunos está presente nas interações entre professor e alunos e entre alunos nas aulas, mas em momentos dispersos. Segundo o docente titular da disciplina, o tempo – apenas 3 aulas de 50 minutos por semana – dificulta a qualidade do trabalho. No entanto, considerando a temática eleita para a fase empírica deste trabalho, parece haver terreno fértil para a proposição de situações de aprendizagem em que os estudantes, juntamente com o professor, investiguem e dialoguem sobre o que sabem e sobre o que podem ou desejam aprender.

Em Inglês, há uma visível integração entre Inglês, Português como língua materna e o conhecimento de mundo dos alunos. O docente titular da disciplina articula esses os três campos. Segundo o docente, o comportamento dos alunos foi atípico, pois havia um pesquisador na sala. Felizmente, de acordo com o mesmo, as aulas foram mais proveitosas. O docente titular, ao esclarecer dúvidas de vocabulário, por exemplo, demonstra preocupação em fazer que os alunos entendam o significado das palavras estabelecendo relações como que já conhecem. Para responder alguma dúvida nesse sentido, ele opta por analisar, juntamente com os alunos, palavras com mesma raiz, para fazê-los deduzir o significado de uma nova. Procedimento semelhante acontece ao esclarecer dúvidas sobre conteúdos gramaticais. Ele estabelece associações, em uma abordagem indutiva, para que logo o aluno logo subentenda a regra.

2. Os registros das aulas observadas encontram-se no Apêndice 1.

Nas aulas de Artes, também há integração entre o conteúdo a ser trabalhado e o conhecimento de mundo dos alunos. O docente titular da disciplina faz constantes provocações para que os alunos participem da construção da aula e eles respondem bem, fazendo com que seja um momento proveitoso para professor e alunos. Todo o conteúdo trabalhado pela docente titular considerou diversas manifestações artísticas.

Em Educação Física, há um grande interesse dos alunos pela aula, pois o bimestre foi dedicado a fundamentos e prática de futebol de salão. A aula inicia com instruções simples aos alunos, seguidas da prática de futebol. Portanto, a integração que existe é entre a habilidade anterior dos alunos nesse esporte e a aula em si. Não há integrações diretas entre futebol de salão e outros esportes, muito menos com outras disciplinas do curso.

5. Segunda Fase da Pesquisa: trabalho com o tema integrador "Cultura dos povos de origem africana no Brasil", no 3º ano do Ensino Técnico de Informática Integrado ao Médio, bem como sua análise

Antes de iniciarmos a apresentação da segunda fase da pesquisa, vale retomar o percurso empreendido pelo professor-pesquisador na primeira fase do trabalho.

A presente pesquisa tem como objetivo investigar estratégias para integrar os componentes curriculares do Ensino Médio, partindo da área de Linguagens. Para tanto, depois de feito um estudo dos planos de trabalho de Língua Portuguesa e Literatura, Artes, Educação Física e Inglês, documentos do Centro Tecnológico de Educação Estadual Paula Souza e do Ministério da Educação, a fim de verificar fragmentações existentes e possíveis movimentos de integração, culminando com a proposição de alguns temas integradores relevantes e aplicáveis à comunidade escolar estudada. O tema escolhido foi "Cultura dos povos de origem africana no Brasil". A justificativa para tal escolha fundamenta-se, inicialmente, na Lei n. 10.639/2003 de Diretrizes e Bases da Educação Nacional, que regulamenta o ensino de História e Cultura Afro-Brasileira e Africana na Educação Básica. Aliado a isso, na Etec Jorge Street, este ensino ainda é contemplado de maneira tímida, portanto, esta é uma oportunidade de abordá-lo de maneira intencional e planejada.

Na segunda fase da pesquisa, optou-se pela elaboração e aplicação de uma sequência didática, com duração de 16h/a, com o tema "Cultura dos povos de origem africana no Brasil"[3]. O objetivo geral para a aprendizagem dos alunos nessa sequência didática é compreender o tema citado de maneira integrada, utilizando conhecimentos ligados aos componentes curriculares de Língua Portuguesa e Literatura, Inglês, Artes e Educação Física. A sequência didática também pretende favorecer o desenvolvimento de discurso oral e escrito, ganho de significado na aprendizagem, visão global do mundo, e estratégias de leitura aplicáveis a qualquer área.

Para a pesquisa, o objetivo é evidenciar como a perspectiva de integração pode trazer ganho de significado na aprendizagem e crescimento da visão geral de mundo, possibilitando aos alunos um posicionamento mais crítico e contextualizado frente aos conhecimentos. A sequência didática é dividida em sete momentos, e sua organização geral será descrita a seguir.

Para organizar a sequência didática, o referencial teórico tomado como referência é aquele proposto por Cope e Kalantizis (1993), também discutido por Kern (2000). Esses autores propõem o trabalho com quatro componentes curriculares: prática situada (primeiro contato com os textos disponíveis; o texto e o universo dos estudantes, propiciando uma apropriação entre os contextos de produção de um determinado texto e o contexto de recepção desse mesmo texto); instrução explícita (compreensão sistemática e analítica através da utilização explícita de metalinguagem no lidar com textos disponíveis); enquadramento crítico (expansão do processo interpretativo de um determinado texto, levando em conta aspectos discursivos e socioculturais); e prática transformada (recriação dos sentidos em outros contextos).

O trabalho tem início com um questionário para os alunos, a fim de conhecer a visão deles sobre integração das disciplinas na área de linguagens e no curso em si. Em seguida, eles fazem uma visita ao Museu Afro Brasil. A partir daí, analisam materiais específicos do museu e outros relacionados, dentro de uma perspectiva integradora. Ao fim, eles avaliam a presente proposta. Todas as produções dos alunos e questionários são documentos avaliados e analisados pelo professor-pesquisador segundo um ponto de vista interpretativo com o objetivo de reconstruir a perspectiva dos estudantes sobre os efeitos e significados da integração proposta.

A fim de separar o professor do pesquisador, foi escolhido um horário alternativo às aulas regulares, ou seja, a sequência didática foi aplicada a alunos que se inscreveram para a atividade como uma modalidade extracurricular. Como consequência, o número de alunos participantes nas 16h/a em que a proposta foi implementada variou significativamente.

Os materiais de apoio utilizados foram:

1) Material em PDF para visita ao Museu Afro Brasil

(Disponível em: http://www.museuafrobrasil.org.br/aprenda/publica%C3%A7%C3%B5es)

O Museu Afro Brasil é uma instituição pública, subordinada à Secretaria de Estado da Cultura de São Paulo e administrada pela Associação Museu Afro Brasil – Organização Social de Cultura.

O museu conserva um acervo com mais de 5 mil obras, entre pinturas, esculturas, gravuras, fotografias, documentos e peças etnológicas, de autores brasileiros e estrangeiros, produzidos entre o século XV e os dias de hoje. O acervo abarca diversas facetas dos universos culturais africanos e afro-brasileiros, abordando temas como a religião, o trabalho, a arte, a diáspora africana e a escravidão, e registrando a trajetória histórica e as influências africanas na construção da sociedade brasileira. Esse caderno citado foi produzido especialmente para crianças e adolescentes, mas também pode ser apreciado por jovens e adultos.

Nele, o leitor encontrará informações importantes para perceber que há muito a descobrir sobre a história do nosso país e em particular a respeito do papel fundamental da população negra na construção da sociedade brasileira.

2) Vídeo: *Moda africana: nova África* (a partir do 7min40s ao 10min50s)
(Disponível em: http://www.youtube.com/watch?v=yu4N3yAu4v4)

Os programas do *Nova África* privilegiam as imagens e o encadeamento cinematográfico de cada depoimento. Ao mesmo tempo, as informações transmitidas ao telespectador são tratadas jornalisticamente, com a preocupação de expor e explicar de forma didática cada elemento, contextos históricos e dados atualizados sobre os países e os assuntos tratados. Relatos de entrevistados ilustres traçam um panorama do continente. No trecho do episódio citado, *Nova África* mostra como a estética do continente africano tem se tornado referência de moda para as passarelas de todo o mundo. Você verá que a África é mais do que uma fonte de inspiração para o planeta. Em Angola, quem está na moda é o Brasil. Os *designers* desenvolvidos no Brasil fazem a cabeça, o corpo e os pés de angolanos e angolanas. O *Nova África* mostra que esse sucesso vem de uma mania brasileira muito comum no país: as novelas. Inspiradas pelas telenovelas, dezenas de sacoleiras angolanas vem ao Brasil para levar as roupas utilizadas por atores e atrizes brasileiros. O programa mostra como funciona esse mercado e acompanha esses comerciantes da moda pelas ruas de São Paulo.

3) Capítulo "Aventura de Ogum", do livro *Capitães da Areia* (Jorge Amado), de 1937
(Fonte: www.jorgeamado.org.br)

O tempo vai fechando de vez no país. É a ditadura do Estado Novo que se implanta. Recolhido na cidade de Estância, no interior de Sergipe, Jorge Amado começara a escrever um outro livro, terminando a sua redação já a bordo do navio Rakuyo Maru, em viagem para o México. É *Capitães da areia*. Uma história dos meninos de rua da Bahia, na década de 30. Narrativa do amor de Dora e Pedro Bala. Peripécias do bando de menores que perambula perigosamente pelas ruas e pelo cais de Salvador, cidade "negra e religiosa", onde se projeta a personalidade da ialorixá Aninha, mãe de santo do Ilê Axé Opô Afonjá. Dora morre, doente, no trapiche enluarado. Pedro Bala é preso, foge, mete-se em greves de estivadores, até que se converte em "militante proletário, o camarada Pedro Bala". O problema é que o livro é publicado em 1937, logo em seguida à implantação do Estado Novo, regime violentamente anticomunista. Assim, a edição é apreendida – e exemplares do livro são queimados em praça pública, na Cidade da Bahia, por representantes da ditadura. Mas de nada adiantou. Quando pôde voltar à cena, *Capitães da areia* conquistou o grande público e é ainda hoje um dos maiores sucessos de Jorge Amado. Neste capítulo, há uma apresentação bem didática do autor a respeito de Ogum, na mitologia yoruba, o senhor do metais.

4) Prefácio, de Robert F. Thompson, do livro *Ring of Libertation* (J. Lowell Lewis)

(Disponível em: http://books.google.com.br/books?id=b6ZYoi7uID4C&printsec=frontcover&hl=pt-BR&source=gbs_ge_summary_r&cad=0#v=onepage&q&f=false;http://capsoc.page.tl/ Books.htm)

Este livro apresenta um ponto de vista estrangeiro a respeito da capoeira, feito pelo professor J. Lowell Lewis, da Universidade de Sidney. No prefácio, o autor apresenta um panorama histórico da capoeira quando chegou aos EUA. Além disso, descreve as peculiaridades que envolvem esta arte marcial, bem como sua experiência na Bahia.

5.1 Dos alunos que participaram da proposta

Foram 31 alunos os participantes em toda essa etapa da pesquisa. Porém, houve uma variação quanto ao número deles em cada um dos sete momentos previstos na sequência didática, o que representa variação na quantidade de documentos por eles produzidos e, por consequência, nos dados coletados. Portanto, será feita uma divisão entre o Grupo Permanente (aqueles de estiveram em ao menos quatro momentos da sequência didática) e o Oscilante (os que participaram de três ou menos momentos). Eles serão identificados por letras e números, a fim de que não haja repetição de letras.

Grupo Permanente: 9 alunos (A, E, F, I, L, N, T, U e V);

Grupo Oscilante: 22 alunos (B, C, D, G, H, J, M, O, P, Q, R, S, W, X, Y, Z, 1, 2, 3, 4, 5 e 6).

5.2 Coletânea dos dados da pesquisa

A seguir, haverá uma coletânea dos dados mais significativos da pesquisa, baseados em respostas manuscritas pelos alunos participantes e diário de bordo do professor-pesquisador.

5.2.1 Momento I: conhecimento prévio

No Momento I da sequência didática, os objetivos foram: investigar a percepção dos alunos a respeito de integração curricular no Curso Técnico de Informática Integrado ao Ensino Médio; investigar o conhecimento prévio dos alunos sobre cultura dos povos de origem africana no Brasil; e apresentar e contrastar o conhecimento prévio dos alunos sobre cultura do povos de origem africana no Brasil e parte do conteúdo da apostila do Museu Afro Brasil.

Para tanto, foram propostas as seguintes questões: 1. Como é a relação entre as disciplinas do Curso Técnico de Informática Integrado ao Ensino Médio? 2. Você percebe relações entre a língua inglesa, atividades físicas e os povos de origem africana no Brasil? 3. Quais são os textos de escritores brasileiros que você se lembra de ter influência da cultura africana? Cite exemplos. 4. De que maneira você percebe a presença da cultura africana em seu cotidiano? Justifique.

Nesse momento, houve a participação de 19 alunos da turma. No que diz respeito à primeira questão, 4 alunos afirmaram não perceber relação alguma entre as disciplinas do núcleo técnico e as do Ensino Médio (F, L, B e C); 4 deles disseram ter uma mínima relação entre elas (D, P, R e T); 10 alunos citaram a disciplina Inglês como tendo relação com as do núcleo técnico (1, H, U, V, Q, A, E, O, N e G); 8 deles citaram a disciplina de Matemática como tendo relação com as do núcleo técnico (U, O, H, M, O, E, N e 1); e, por fim, 4 alunos mencionaram a disciplina de Língua Portuguesa como tendo relação com as do núcleo técnico (H, U, O e S).

As respostas da segunda pergunta apontaram para o seguinte cenário: 8 alunos afirmaram perceber relações entre a língua inglesa, atividades físicas e os povos de origem africana no Brasil (U, 1, G, C, B, L, F e D); 7 alunos disseram não perceber relações entre elas (E, M, H, O, A, P e T); 3 defenderam a hipótese de que há relação entre atividades físicas e cultura africana (R, S e Q); e uma aluna afirmou perceber relação entre atividades físicas e Inglês.

Na terceira pergunta, 4 alunos disseram não lembrar de algum texto de escritores brasileiros com influência da cultura africana (T, V, R e Q). Por outro lado, 15 alunos citaram alguns escritores brasileiros (H, C, G, 1, U, N, B, L, F, D, E, M, O, A e 5). Quase todos eles citaram Aluísio Azevedo. Houve também menção a Machado de Assis, Castro Alves, Monteiro Lobato e José de Alencar.

Na última questão, houve citação, principalmente, de religião, música, esporte e culinária.

5.2.2 Análise dos dados do Momento I

Os objetivos dessa parte (investigar a percepção dos alunos a respeito de integração curricular no Curso Técnico de Informática Integrado ao Ensino Médio; investigar o conhecimento prévio dos alunos sobre Cultura dos Povos de origem africana no Brasil; e apresentar e contrastar o conhecimento prévio dos alunos sobre Cultura do Povos de Origem Africana no Brasil e parte do conteúdo do Museu Afro Brasil) foram alcançados.

As respostas às quatro questões do aluno relacionam-se às quatro alegações de ordem geral em defesa do ensino da estrutura fundamental da matéria de estudo, citadas por Bruner (1966). Fica evidente que os fundamentos de cada disciplina estudada não estão consolidados, mesmo eles sendo alunos do 3º ano do Ensino Médio. As respostas dadas pelos discentes evidenciam que eles não conseguem enxergar muitas relações entre as disciplinas, possivelmente porque, a despeito de todos os anos de trajetória escolar, não têm uma ideia clara sobre a essência de cada uma delas.

5.2.3 Momento II: visita ao museu

No Momento II, os objetivos eram: conhecer as particularidades da cultura dos povos de origem africana no Brasil, no Museu Afro Brasil, e comparar o que mais chamou atenção no material do museu entregue em aula e na experiência dentro do museu.

Houve a participação de 26 alunos na aula de preparação para a visita ao museu e 21 alunos fizeram efetivamente a visita. Num primeiro momento, houve a separação em 6 grupos, pois o material disponível no *site* do Museu Afro Brasil dividia a visita em seis temas: os diferentes povos africanos; trabalho e escravidão; religiosidade; festas; história e memória; e artes. Cada grupo deveria escrever o que esperava encontrar no museu em relação ao seu tema delimitado. Após a visita, escreveram um relatório comparativo entre suas expectativas e como foi a experiência ao vivo no museu em si.

O grupo 1 – *Religiosidade* (R, U, 1 e C) – descreveu da seguinte maneira sua expectativa sobre o que encontrariam no museu: "*Esperamos encontrar informações no museu que nos ajude a compreender e entender mais sobre as crenças africanas.*"[4]

Ao fazerem a comparação entre o material entregue em aula e o equivalente ao vivo, escreveram:

> "*[...] A parte religiosa foi muito bem abordada e aprendemos que os povos afro-brasileiros tiveram influência das crenças de sua terra natal e também do catolicismo presente no Brasil. É um estudo que deve ser aprofundado, pois abrange muitas crenças diferentes, havia santos e cristos e também guias espirituais da Umbanda e Candomblé. Certas imagens e textos fizeram o ambiente tornar-se desagradável a alguns integrantes do grupo.*" (GRUPO 1)

O grupo 2 – *Artes* (N, L, T, F e X) – citou o seguinte sobre suas expectativas a respeito desse tema no museu: "*O museu terá várias formas de arte, como esculturas, pinturas, vídeos, textos, basicamente tudo pois o museu é feito de arte.*"

Ao comparar o material entregue em aula e o equivalente ao vivo, o grupo afirma:

> "*Durante a nossa visita ao Museu Afro Brasil, percebemos que muitas obras só são admiradas quando vistas pessoalmente, pois há muitos detalhes que não são perceptíveis através de impressões e fotos.*
>
> *[...] Analisando o material visto em aula, nós prestamos muita atenção na obra, uma reprodução feita pelo padre Jesuíno de Mont Carmero. A original está presente no teto da igreja*

---

3. Os excertos produzidos pelos alunos estão transcritos exatamente como foram produzidos pelos seus autores, portanto, sem intervenções ou correções ortográficas, gramaticais ou de estilo, por parte do professor-pesquisador.

de Itu. Essa obra possui muitos detalhes e muitas cores: ela passa uma sensação de movimento e uma demonstração das expressões faciais." (GRUPO 2)

O grupo 3 – *História e memória* (Y, R, O, V e Q) – relataram da seguinte maneira suas expectativas:

"O que encontraremos no Museu Afro Brasil serão relatos históricos da cultura africana deixados no Brasil, que nada mais é do que memórias de afrodescendentes."

Ao visitarem o Museu, descreveram assim suas impressões a respeito do tema:

"A primeira coisa que nos marcou quando entramos no museu foi uma sala que falava na história de quem tinha alcançado o sucesso mesmo sendo negros... Concluímos que os negros foram muito maltratados e tachados de perdedores, e muitos negros, como o Pelé, procuraram mostrar que isso não é verdade, que qualquer um pode vencer na vida." (GRUPO 3)

O grupo 4 – *Festas* (E, 3, D e G) – mostraram suas expectativas sobre o tema assim:

"Esperamos encontrar lá a capoeira que é uma arte marcial e ao mesmo tempo uma dança, e também sobre a Festa do Bumba meu Boi que tem a ver com folclore e também o Carnaval que teve influência da origem africana." (GRUPO 4)

Ao falarem a respeito de sua visita ao museu, escreveram:

"A cultura africana é algo rico em detalhes e diversidades. Uma das principais são as festas e comemorações como: Bumba meu Boi, na qual as pessoas usavam máscaras que às vezes possuíam chifres e também chapéus em formatos de

igrejas ou em formato de cone. Lá também havia a presença da capoeira que além de ser uma arte marcial, também era uma dança." (GRUPO 4)

O grupo 5 – *Os diferentes povos africanos* (J e A) – relataram desta forma suas expectativas:

> *"Nós esperamos encontrar ferramentas, traços do cotidiano, religião, costumes de diferentes tribos africanas que foram marcadas pelo tráfico de escravos realizado pelos europeus."* (GRUPO 5)

Infelizmente, eles não compareceram ao museu.

O grupo 6 – *Trabalho e escravidão* (2, I e S) – esperavam o seguinte do museu:

> *"Dentro do museu, em meio às exposições, encontraremos instrumentos e ferramentas relacionadas ao trabalho escravo, como arados, pás e muitos outros objetos. Encontraremos também quadros que retratam como era o trabalho naqueles dias, e textos que contêm certas informações sobre as tarefas executadas e o cotidiano dos escravos."* (GRUPO 6)

Como o grupo anterior, esse também não foi ao Museu.

5.2.4 Análise dos dados do Momento II

O primeiro objetivo dessa parte (conhecer as particularidades da cultura dos povos de origem africana no Brasil, no Museu Afro Brasil) foi alcançado. Já o segundo (comparar o que mais chamou atenção no material do museu entregue em aula e o referente dentro do museu) foi alcançado parcialmente, pois dois grupos não compareceram ao museu.

Os relatórios dos alunos evidenciam os princípios de Morin (2010) sobre a capacidade das artes em mostrar-nos uma dimensão estética da existência. Eles puderam desenvolver sua visão de mundo esteticamente.

No Grupo 1, temos indício de um conflito de valores, possivelmente associado a aspectos da religiosidade dos alunos que se contrapõem àqueles observados na exposição. Em relação ao Grupo 2, destaca-se o valor da experiência direta, em oposição à experiência indireta, na fruição de obras de arte. O Grupo 3 delineia o eco dos discursos sobre personalidades de sucesso. Não é à toa que a personalidade citada é quase uma unanimidade, o Pelé. No museu, há outras menos famosas e mais contestadoras, portanto menos unânimes, que não foram mencionadas. De certa forma, pode-se dizer que a experiência vivida no museu, quando muito, serviu para confirmar algo que os alunos já acreditavam, e que o ensino pouco alterou: os negros, como grupo, foram maltratados, mas, como todos, o sucesso depende muito mais de talentos ou valores individuais. E no Grupo 4, tem-se uma valoração positiva relacionada especialmente ao aspecto festivo ligado à cultura africana.

Os trechos dos grupos que compareceram ao museu são exemplos dessas conclusões:

Grupo 1 – *"É um estudo que deve ser aprofundado, pois abrange muitas crenças diferentes, havia santos e cristos e também guias espirituais da Umbanda e Candomblé. Certos imagens e textos fizeram o ambiente tornar-se desagradável a alguns integrantes do grupo."*

Grupo 2– "*Durante a nossa visita ao Museu Afro Brasil, percebemos que muitas obras só são admiradas quando vistas pessoalmente, pois há muitos detalhes que não são perceptíveis através de impressões e fotos.*"

Grupo 3 – *Concluímos que os negros foram muito maltratados e tachados de perdedores, e muitos negros, como o Pelé, procuraram mostrar que isso não é verdade, que qualquer um pode vencer na vida.*"

Grupo 4 – "*A cultura africana é algo rico em detalhes e diversidades. Uma das principais são as festas e comemorações*".

5.2.5 Momento III: análise específica do material do Museu Afro Brasil

No Momento III, os objetivos foram: descrever oralmente como foi a experiência no Museu Afro Brasil; conhecer as origens dos povos de origem africana no Brasil; relacionar a cultura dos povos de origem africana que vieram para o Brasil com seu conhecimento de mundo e situações já vividas; e ampliar os conhecimentos sobre escravidão e abolição.

Segundo o diário de bordo do professor-pesquisador, percebe-se, nas manifestações dos alunos, por um lado, o abrandamento do significado da escravidão, e por outro uma tentativa de justificá-la com um alto grau de determinismo. Mesmo quando fazem referência ao conhecimento escolar adquirido principalmente em aulas de História, destacam as informações aprendidas, não necessariamente seu significado. Os principais comentários dos alunos sobre a visita ao museu foram os seguintes:

> Os alunos relataram que seriam necessárias muitas visitas ao museu para compreender a quantidade de informações citadas, pois são muitos detalhes e a visita durou apenas 1h30.

Com relação à análise do material, eles citaram que as algumas rotas dos navios negreiros apresentados no mapa são informações novas para eles. Além disso, as máscaras na cultura africana têm um significado muito mais profundo do que as situações em que os alunos a utilizaram. Muitos citaram máscaras de Carnaval e desenhos animados e o maior propósito delas era simplesmente o enfeite.

Com relação à escravidão, um dos alunos argumentou que ao menos os escravos tinham um lugar para morar e alimentação. Um outro defendeu que a escravidão foi uma necessidade histórica para que a humanidade aprendesse com isso.

Quase todos eles relacionaram o conteúdo da aula com o que estudaram sobre Escravidão em História e concluíram neste momento que estavam complementando seu conhecimento a respeito do tema.

Dentre as 12 propostas de questões sobre o material do museu, serão destacadas a seguir as respostas para 2 delas, feitas pelos 17 alunos participantes do Momento III, pois envolvem todos os objetivos citados, com exceção do primeiro já descrito através do diário de bordo:

1) De onde veio a metalurgia? Você já sabia disso?
2) Na sua opinião, ainda há algum tipo de exploração com os brasileiros de origem africana na atualidade? Explique.

Na primeira pergunta, todos os alunos acertaram a resposta referente à origem da metalurgia. Onze deles (I, 6, U, J, E, F, T, W, A, Q e V) afirmaram não ter conhecimento prévio sobre seu surgimento. Já, 6 alunos (2, N, L, X, Z e Y) descreveram que já conheciam sua origem. Dentre eles, 2 citaram as aulas da disciplina História para justificar em que momento aprenderam isso.

Na segunda questão, 5 alunos (I, W, A, 2 e L) defenderam que não há mais exploração com os brasileiros de origem africana na atualidade. Para eles, a existência de políticas compensatórias evidencia isso; mas o aluno 2 diz que "acha o contrário", pois as políticas compensatórias reforçam a diferença negativa para os negros:

> ***"Eu acho o contrário, o nosso governo tenta consertar o preconceito que vem desde a escravidão com cotas, dizendo em entrelinhas que o negro é menos capacitado que outras raças."*** (ALUNO 2)

5.2.6 Análise dos dados do Momento III

Os objetivos do Momento III (descrever oralmente como foi a experiência no Museu Afro Brasil; conhecer as origens dos povos de origem africana para o Brasil; relacionar a cultura dos povos de origem africana que vieram para o Brasil com seu conhecimento de mundo e situações já vividas; e ampliar os conhecimentos sobre escravidão e abolição) foram alcançados.

No Momento III da sequência didática, os alunos relacionaram o que aprenderam a seu conhecimento de mundo, à disciplina História e à multiplicidade de conteúdo interativo do Museu Afro Brasil. Ao fazerem isso, os estudantes manifestaram contradições, valores e opiniões, por vezes conflitantes, por vezes fundamentadas. Surpreende, aqui, o fato de que os conhecimentos adquiridos na experiência escolar, especialmente no que diz respeito aos estudos de literatura, pouco aparecem nas opiniões manifestadas e nas interações ocorridas durante a atividade.

Esse momento da sequência didática ilustra a discussão proposta por Santaella (2009) acerca da aprendizagem ubíqua, espontânea, contingente, caótica e fragmentária que ocorre em ambientes não formais e que se manifesta nos ambientes formais de educação. Evidencia, também, a necessidade de que a educação formal ofereça um contraponto, criando oportunidades de aquisição, de síntese, de avaliação e de transformação do já conhecido (BRUNER, 1966).

5.2.7 Momento IV: religiosidade, festas e relação Brasil-Angola

No Momento IV, os objetivos foram: conhecer a origem do Candomblé e comparar com possível conhecimento prévio sobre o assunto; conhecer as particularidades de uma família de santo e dos orixás; compreender de que maneira a cultura dos povos de origem africana se manifesta em Goiás e Maranhão; e entender a relação cultural e econômica entre Brasil e Angola atualmente.

Foram 9 alunos (U, V, N, L, X, T, F, E e A) os participantes nesta parte da pesquisa. Dentre as 15 questões propostas na aula, as respostas de 4 questões foram selecionadas para comparação, pois para ela convergem os objetivos propostos:

1) Você conhecia o Candomblé? Qual informação nova este texto lhe trouxe?
2) Qual Orixá lhe chamou mais atenção? Por quê?
3) Você conhecia a história do Auto do Boi, encenada no Maranhão? Ela lembra alguma outra história que você conhece?
4) O fato das angolanas comprarem esta quantidade de roupas em São Paulo pode ter algum impacto na cultura paulistana? Justifique.

Questão 1

Ao responderem a primeira questão, três alunos (N, L e T) disseram conhecer vagamente sobre o Candomblé e acrescentaram:

> "[...] *o texto me trouxe muita informação nova, como, por exemplo, sobre como se formam as famílias-de-santo.*" (N)
>
> "[...] *trouxe a informação de que há uma família e para permanecer lá tem que haver uma iniciação.*" (L)
>
> "[...] *tudo apresentado no texto foi novo.*" (T)

Os outros seis alunos (E, F, X, V, U e A) escreveram que já conheciam o Candomblé. Cada um deles apontou um aspecto novo que o texto lhes trouxe:

> "[...] *o panteão era constituído de orixás, inquices e vodus, divindades dos povos iorubá, banto e jeje, respectivamente.*" (E)
>
> "[...] *essas informações são novas para mim. Cada lugar tem um nome específico.*" (F)
>
> "[...] *o texto me traz a diferença entre os ritos nos diferentes locais do Brasil.*" (X)
>
> "[...] *existiam vários tipos, dependendo da região.*" (V)
>
> "[...] *A diferença entre as crenças religiosas africanas nas regiões do Brasil.*" (U)

"[...] *não sabia sobre a iniciação e sobre as diferentes divindades do Candomblé.*" (A)

Questão 2

Com relação à segunda questão, três alunos citaram Xangô, por diferentes razões. O segundo a ser citado deixa a entender que é influenciado por história em quadrinhos ou RPG (*role-playing game*: jogo de interpretação de papéis), dada a menção à sua arma e seu poder:

> "[...] *por ser um orixá que viveu na terra, e também por seus símbolos.*" (X)
>
> "[...] *pois gostei da descrição do machado dele e de ele ser 'o rei'.*" (N)
>
> "[...] *pois ele tem algumas características de Zeus da mitologia grega.*" (E)

Oxalá foi o escolhido por dois alunos, por um motivo semelhante. O segundo a ser citado cita relações entre diferentes religiões, mostrando um tanto de metafísica no que diz respeito à nossa relação com o desconhecido:

> "[...] *pois ele é tido como criador dos humanos." (T)*
>
> "[...] *porque é como se ele fosse Deus para o cristianismo. É interessante perceber que mesmo em meio a uma variedade de deuses com funções específicas, também houve um que ficou conhecido como o maior.*" (U)

Oxumaré foi a preferência de outros dois alunos, por razões distintas:

> "[...] *devido a sua forma e cor, e pela sua história, como curar o ser supremo e depois ele não querer se separar de Oxumaré.*" (A)

"[...] *pois não imaginava que uma serpente também poderia ser um orixá*." (L)

Os dois últimos alunos escolheram Ossaim e Landã:

"Ossaim – pois achei interessante ele ser lembrado como o tronco de uma árvore, fazer medicamentos..."

"Landã – achei interessante a ideia de uma mulher destemida, como uma guerreira."

Questão 3

Sobre a terceira questão, três alunos afirmaram já conhecer a história do Auto do Boi, encenada no Maranhão, porém disseram não se lembrar de outra semelhante a ela (X, N e U). Já os outros seis alunos relataram que não só não conheciam a história mencionada, como também não recordavam de alguma semelhante (E, T, A, L, V e F). Mesmo quando a pergunta fica no nível da informação, os alunos manifestam suas interpretações preenchendo, recheando as respostas com seus valores e opiniões, mais do que com os conhecimentos específicos. Surge aqui um questionamento: as opiniões e valores também podem ser considerados como conhecimento?

Questão 4

Na quarta questão, todos os alunos defenderam de maneira semelhante o fato de as angolanas comprarem a quantidade de roupas citada no vídeo por ter impacto na cultura paulistana, pois isso gera mais empregos, modificando a dinâmica de produção de roupas; e altera a língua portuguesa usada na comunicação entre angolanas e brasileiros.

Diário de bordo do pesquisador-professor sobre a parte IV:

Neste dia, as aulas aconteceram na sala de projeções da Etec. Ela tem o formato redondo e comporta até 50 pessoas.

Infelizmente, apenas 7 alunos compareceram. A sala contém um computador e um projetor, além de aparelhos de ar-condicionado. Assim, foi possível projetar os materiais da aula na lousa. Os alunos costumam gostar muito de ir a esta sala, pois ela é mais aconchegante que a tradicional.

A respeito de Iemanjá, muitos alunos disseram conhecer por terem visto em minisséries e novelas da TV Globo. Alguns alunos expressaram ter famílias de pais separados, porém disseram viver em harmonia. Uma das alunas citou conhecer determinada aluna da escola que faz parte de uma família de santo.

Com relação aos orixás, um fato interessante foi o de que não houve uma preferência por um específico. Cada orixá chamou a atenção de diferentes alunos.

Um aluno, ao analisar o texto *Festas*, disse que o Brasil é um país de preguiçosos e as festas são sua maior prova. Outro aluno respondeu que isto não passava de um estereótipo do estrangeiro sobre o Brasil. Ao discutirmos sobre o auto do boi, os alunos lembraram-se de um trabalho de Filosofia do ano anterior em que estudaram sobre manifestações culturais das regiões brasileiras.

5.2.8 Análise dos dados do Momento IV

Os objetivos dessa parte eram: conhecer a origem do Candomblé e comparar com possível conhecimento prévio sobre o assunto; conhecer as particularidades de uma família de santo e dos orixás; compreender de que maneira a cultura dos povos de origem africana se manifesta em Goiás e Maranhão; e entender a relação cultural e econômica entre Brasil e Angola atualmente. Todos os objetivos foram alcançados.

Assim como o Momento III, o Momento IV também é exemplo de como as aprendizagens não escolares e escolares se imbricam e se manifestam nos posicionamentos e nas escolhas feitas pelos alunos (SANTAELLA, 2009). Além disso, essas respostas também evidenciam como os esquemas interpretativos dos alunos, mesmo sendo eles todos jovens paulistas, é construído de maneira singular (COPE; KALANTIZIS, 2011). De acordo com suas experiências e conhecimentos, os alunos fazem relações com mitologia e cristianismo; evidenciam que a televisão marca fortemente o que sabem ou deixam de saber; e manifestam suas posições, seus preconceitos e suas teorias.

5.2.9 Momento V: história, memória e artes

Neste Momento, os objetivos eram: conhecer e reconhecer personalidades brasileiras de origem africana; relacionar o período Barroco com as produções de Aleijadinho e Padre Jesuíno de Monte Carmelo; interpretar pintura de Estevão Roberto Silva, Rubem Valentim e Heitor dos Prazeres; interpretar escultura de Agnaldo Manoel dos Santos; e elaborar um emblema utilizando simbologia da arte afro-brasileira, a fim de utilizá-lo para representar os times de esportes coletivos da turma.

5.2.10 Análise do Momento V: história, memória e artes

Inicialmente, 20 alunos participaram dessa parte da pesquisa. Porém, como havia um momento de produção artística de emblema, simbolizando os times de esportes coletivos da turma, o professor-pesquisador sugeriu que essa atividade fosse por eles elaborada fora do horário da aula e entregue junto com as demais atividades. Para sua surpresa, mesmo com muita insistência, apenas dois alunos devolveram seus respectivos materiais. Portanto, ficam inviabilizados os dados dessa parte da pesquisa.

5.2.11 Momento VI: Jorge Amado, Ogum e capoeira

Neste Momento, os objetivos foram: entender a representação de Ogum em sua essência e o papel dele em capítulo do livro

Capitães da areia (Jorge Amado); compreender ponto de vista estrangeiro sobre a capoeira, através de prefácio de um livro em inglês. Foram utilizadas três questões nessa parte:

> Material: Capítulo "Aventura de Ogum", do livro *Capitães da Areia* (Jorge Amado) e página 25 do PDF "Uma visita ao Museu Afro Brasil"

1) Leia as referências citadas logo acima e responda: quais relações você pode estabelecer entre o papel de Ogum neste capítulo do livro *Capitães da Areia* e o que ele representa em sua essência?

> Material: Prefácio, de Robert F. Thompson, do livro *Ring of Liberation* (J. Lowell Lewis)

2) O que você conhece sobre "capoeira"?
3) Quais foram as informações novas para você citadas neste prefácio? Justifique.

5.2.12 Análise do Momento VI: Jorge Amado, Ogum e capoeira

Apenas 5 alunos (V, E, 3, I e D) participaram desta atividade. As duas primeiras questões foram trabalhadas pelo professor-pesquisador e a última seria respondida nas aulas regulares do componente curricular Inglês, com o professor da turma. Segundo ele, os alunos citados, bem como os outros presentes na aula, se recusaram a responder a questão, pois não seria dada menção avaliativa alguma que influenciasse em sua média escolar no componente curricular. Essa postura dos alunos demonstra a influência do sistema de troca (atividade por nota) dentro do ambiente escolar. Os alunos demonstram serem movidos, na maioria das vezes, por algo que vale: a nota. E não necessariamente buscam a aprendizagem por desejo de conhecimento, fruição ou crescimento pessoal. Fica subentendido que eles não estudam para aprender, e sim para tirar nota, e isso foi algo que aprenderam na própria escola, muito possivelmente diante do pouco significado de muitos dos fazeres escolares.

Em relação ao uso do capítulo "Aventura de Ogum", os alunos mostraram-se bem entusiasmados, pois já haviam lido o livro (parte do plano de curso de Língua Portuguesa e Literatura do 3° ano), e tanto a linguagem quanto o enredo dele fez com que se interessassem muito pela leitura.

Logo a seguir, serão descritos trechos das respostas das duas primeiras questões. No trecho do aluno V, o aluno relaciona sua imagem a respeito da figura paterna a Ogum e ao personagem Pedro Bala, de *Capitães da Areia*. Ou seja, conhecimento de mundo, História e Literatura. Já o aluno 3 faz uma análise crítica à desigualdade social:

Questão 1

> *"Que ele é como um pai, que vigia a todos. Do mesmo jeito com que Pedro Bala era um "pai" para os Capitães da Areia. Quando você fala de Ogum, o civilizador, você pensa em uma civilização, que não deixa de ter uma parte social. O que Pedro Bala fez no capítulo não foi nada mais que social* [...]." (V)
>
> *"A essência citada vem por parte da coragem espiritual de Pedro Bala de acordo com a vontade de ser forte e guerreiro. Demonstrando força e inteligência."* (E)
>
> *"Uma imagem de Ogum representa um Deus para Don'Aninha, o Deus dos Pobres, o fato de ele estar na cadeia é como se não bastasse matarem os pobres de fome eles prendem o símbolo desse Deus sequer deixam eles rezarem por ser Deus, no livro. Como ele é o Deus civilizador na religião umbandista ele tenta civilizar os pobres na história."* (3)
>
> *"Ele é uma figura que representa, na fé deles, um deus que passa sensações de força e segurança."* (I)

"Como é um deus civilizador, no livro, ele cuida dos pobres, como é deus da guerra, faz cair uma forte chuva quando é preso." (D)

Questão 2

"Era uma dança/luta que foi usada pelos negros como meio de fuga de ser escravo. Dançam ao som do berimbau, instrumento típico dessa dança." (V)

"Que foi trazida para o Brasil pelos escravos africanos e faz parte da cultura africana sendo uma dança e luta ao mesmo tempo." (E)

"Somente que é uma dança cultural dos africanos." (3)

"É uma espécie de luta, dança criada por escravos na época da escravidão, para fugir dos quilombos. Hoje é algo cultural, uma arte marcial que mostra as nossas culturas originais." (I)

"Que representa uma dança cultural." (D)

5.2.13 Momento VII: trabalho final

Nesse Momento, o objetivo é produzir um texto dissertativo--argumentativo que apresente a cultura dos povos de origem africana no Brasil no cotidiano dos alunos. A orientação foi a seguinte: com base em todas as aulas sobre o tema estudado, escreva uma texto dissertativo-argumentativo com o seguinte tema: "A cultura afro--brasileira em meu cotidiano". O texto deve ser formal e pessoal. O número mínimo de palavras é 300 e máximo de 400. Você deve colocar título.

O tipo de texto escolhido é o mais estudado em produção textual no 3º ano, segundo o Plano de Língua Portuguesa e Literatura. Os alunos têm especial interesse por ele, pois estão prestes a prestar o Enem e outros vestibulares que, geralmente, propõem tal tipo de texto.

5.2.14 Análise do Momento VII: trabalho final

Em linhas gerais, o objetivo do Momento VII foi alcançado, pois os alunos estruturaram bem seus textos dissertativo--argumentativos. Porém, pouco do que se trabalhou nas aulas se manifestou de modo explícito em seus textos. Houve a participação de 15 alunos nesse momento final. A maioria deles cita aspectos da culinária (principalmente feijoada), esporte (capoeira) e religião para desenvolverem suas ideias. Mesmo a sequência didática trabalhada trazendo tantas outras referências, eles optam pelo que já conheciam. Uma das hipóteses para esse resultado é que, diferentemente de uma disciplina específica do currículo escolar, em que o aluno aprende e é cobrado através de avaliações que focalizam conteúdos específicos, a presente pesquisa não os "obrigou" a utilizar os conhecimentos adquiridos durante as aulas para terem como base de produção de seus textos. Essa liberdade de escolha é estranha a eles e o caminho natural é permanecer na zona de conforto do já conhecido. O que também fica evidente em quase todos os trechos é que há uma separação, para os alunos, entre a cultura negra e a deles. Várias referências à "nossa cultura" em oposição à "cultura afrodescendente" aparecem em seus textos, com frequente utilização de verbos como "introduzir" e "trazer" associados a como os povos de origem africana teriam acrescentado, na visão dos alunos, ao que já seria a cultura brasileira, em uma imagem de quebra-cabeças, com a formação cultural constituída de partes ou peças de várias culturas encaixadas umas às outras, porém com suas identidades e características próprias preservadas. É bem verdade que há, também, alunos que constroem uma imagem um pouco distinta, mais amalgamada no que diz respeito a como essas influências se integram e transformam nossa própria personalidade e identidade. Alguns alunos dão maior destaque à cultura negra como entretenimento, o que reitera um certo apagamento de outros aspectos estudados ao longo da sequência didática relacionados à nossa formação cultural. Logo a seguir serão transcritos trechos das produções escritas de todos eles:

"[...] No dia a dia, frequentemente, eu me deparo com a cultura afro-brasileira. Nos fins de semana, quando vou ao clube, vejo uma roda de capoeira com pessoas (sejam afrodescendentes ou não) cantando e dançando."

"Outra manifestação que está presente no meu cotidiano é o samba, estilo de música muito escutado pelos brasileiros. As religiões desses povos também são comuns, pois, aqui, em cada bairro, me deparo com centros de Umbanda, Candomblé, Batuque, Xambá etc. Quando viajo à praia, especificamente Mongaguá, prestigio a estátua de Iemanjá em frente ao mar.

A feijoada, prato originado dos africanos, tornou-se comida típica brasileira. O acarajé também, e só surgiu por causa dos escravos, e hoje é um dos pratos mais famosos da Bahia [...]." (R)

"[...] As influências afrodescendentes na nossa cultura, sem dúvida, são muito importantes e notáveis para o nosso cotidiano. Elas enriquecem nossa personalidade e nos torna um povo diferente dos demais, por abranger e se adaptar a diferentes costumes. Sem tais influências, nossa cultura e características seriam mais "pobres" e limitadas [...]." (P)

"[...] o Brasil adquiriu enormes influências culturais oriundas da África, formando assim a cultura afro-brasileira. Esses aspectos são notados na música e na religião como a Umbanda que tem um grande número de seguidores, além da literatura e folclore [...]. Outro caso de cultura afro-brasileira no dia a dia é a capoeira, que está ao alcance de qualquer pessoa através de grupos espalhados por todo o Brasil [...]." (B)

"[...] Para a área da religião, foi introduzida no nosso país a umbanda, onde existem vários deuses, ou orixás que eram responsáveis por diversas coisas da natureza e humanas, como a guerra e o trabalho. Já na culinária, os africanos trouxeram várias novidades para o território brasileiro, como a conhecida

mundialmente feijoada e a tapioca, além do delicioso doce, o quindim. Já na área do entretenimento, eles trouxeram a capoeira, jogo que envolvia artes marciais, que era visto como dança pelos seus senhores, com movimentos ritmados e sem a intenção de machucar o oponente [...]." (A)

"*[...] A cultura afro-brasileira, baseada nos costumes deixados pelos negros africanos se faz presente no dia a dia da maioria dos brasileiros. Quem nunca comeu feijoada, lutou (ou apreciou) a capoeira? Quem nunca ouviu falar em Iemanjá? Essas e muitas outras coisas foram deixadas para nós por um povo que tanto sofreu em nossas terras. Eles nos presentearam com suas comidas típicas, seus ritmos musicais, seus artefatos e suas crenças. Além disso, sua história serviu de inspiração para a criação de obras literárias em prosa e poesia, como para Castro Alves, "o poeta dos escravos", e para a criação de personagens da televisão brasileira. Essa cultura tão presente e influente na nossa própria cultura, apesar de não ser muito explorada, se mostra implícita em muitos dos aspectos culturais presentes em nosso cotidiano, como nos vestibulares através da arte, da história e da literatura. Atualmente, há uma exposição no Museu de Arte de São Paulo (MASP) sobre a cultura africana, a exposição se chama "Do coração da África" e explora aspectos artísticos e religiosos deste povo que são facilmente identificados em nossa cultura [...].*" (U)

"*[...] Interessante saber que essa cultura está presente desde os anos de 1500, quando os portugueses e outros povos europeus chegaram no continente africano e trouxeram escravos para cá e com isso eles trouxeram seus costumes. Se não fosse a cultura que fora passada para o brasileiro não seríamos como somos hoje, não teríamos muitos costumes, muitas comidas, danças... por isso não devemos deixá-la para lá, esquecer, por isso existem museus, fotos, sites [...].*" (F)

"[...] Uma cultura de extrema exclusividade, em todos os aspectos, sejam eles musicais, culinários ou religiosos, essa é, sem questionamentos, uma das culturas mais diversificadas... Tudo isso enquanto se deliciam de manjares e um dos pratos mais suculentos que já degustei: a feijoada. Isso foi criado em território nacional, pelos escravos vindos da África, um prato que tem até calendário semanal: quartas-feiras e sábados são especiais para o preparo dessa refeição. Algo que já se tornou da nossa cultura [...]." (I)

"[...] Mas apesar da maior influência da cultura afro-brasileira, no meu cotidiano, ser quanto à culinária, eu já tive outras experiências fora dessa área, como por exemplo aulas de capoeira [...]. Outro contato que me recordo de ter quanto à cultura afro-brasileira é a de ver, durante o ano novo, mulheres vestidas de branco oferecendo flores da mesma cor para deus Iemanjá, jogando-as ao mar. Apesar de não conhecer muito sobre a religião do Candomblé em si, já li e vi em filmes bastantes coisas sobre a mesma, especialmente sobre a mitologia por trás de seus deuses, como Xangô, Ogum etc. [...]." (N)

"[...] Agora considerando fatores mais próximos ao cotidiano temos a culinária. Principalmente no Nordeste do Brasil, mas presente nele todo. Há diversos alimentos que são de origem africana mas muito consumidos como tapioca, acarajé, feijoada, quindim, cocada etc. Além da culinária há o jogo de capoeira, o qual foi introduzido no Brasil como tática de combate praticado por escravos, mas que se tornou uma dança por restrição de seus donos [...]." (T)

"[...] Quando houve a difusão da cultura africana na cultura brasileira, que já era um misturado enorme de outras culturas, essa se acostumou e se identificou bem. Dessa mistura nasceu a capoeira, uma dança/luta jogada pelos escravos. Nasceu daí também a feijoada, que era feita com os restos dos porcos

jogados aos escravos. Sua religião também se difundiu por aqui [...]." (V)

"*[...] No nosso cotidiano podemos citar vários exemplos dessa cultura, tal como a feijoada, uma típica comida da cultura afro-brasileira que originou-se nas senzalas, as partes pobres do porco eram dadas aos escravos onde os mesmos a misturavam com farinha e feijão, podemos falar também de religião onde é misturado às raízes com o catolicismo, como na Umbanda ou no Candomblé, onde há a crença em Jesus Cristo que é chamado de "Oxalá". A música também foi fortemente influenciada, como o samba que é um grande símbolo de estilo musical nacional conhecido internacionalmente. A capoeira uma dança marcial caracterizada por golpes ágeis e complexos, utilizando chutes, rasteira, joelhadas, cotoveladas e acrobacias em solo ou aéreas, tendo a utilização primordial do berimbau e tambores instrumentos também descendentes afro-brasileiros [...].*" (H)

"*[...] Um movimento com origem afro-americana e popular no Brasil e no mundo é o movimento Rastafári, onde seus adeptos buscam ressaltar os valores e a importância da cultura e do povo africano, revivendo o orgulho de suas origens. Suas características e simbologia incluem as cores da antiga bandeira etiopiana (verde, vermelho e amarelo) como bandeira, crença em um ser libertado dos negros (Jah) e aos seguidores mais fieis ao uso dos dreads (estilo de cabelo comprido com cachos grosso) [...].*" (J)

"*[...] É inegável a contribuição da cultura africana para a construção da personalidade brasileira. Vários aspectos foram adicionados e incrementados ao novo modo de vida, como por exemplo na culinária através de ingredientes novos, na música, além do samba, vários outros ritmos e diversos instrumentos que conhecemos tem origem africana [...]. Reconhecendo ou não, o nosso cotidiano está repleto e recheado de cultura afrodescendente: na música, na culinária, na capoeira, mas acima de tudo é parte formadora da cultura brasileira propriamente dita, do "jeitinho brasileiro" de ser, de compor, de usar a criatividade, de praticar esportes [...]."* (4)

"[...] A cultura africana deixou várias marcas na cultura brasileira, tais como: a capoeira (que foi criada na época da escravidão), o Candomblé (principalmente na Bahia), a culinária (que recebeu agrados e modificações originados na África), o vocabulário (como por exemplo a palavra bunda) [...]." (5)

6. Resultados e Discussões sobre a Primeira e a Segunda Fases da Pesquisa

Na primeira fase da pesquisa, conclui-se que um Currículo feito por professores com ampla experiência docente diminui a distância entre ele e o trabalho pedagógico em sala de aula. Os elos de integração são perceptíveis desde que exista um olhar para além da disciplina de cada autor.

Os Planos de Trabalho docente são mais fiéis ao livro didático do que ao Currículo proposto, pois o docente procura ganhar tempo em seu trabalho, já que não existe horário pedagógico semanal e o regime de contratação na instituição escolar pesquisada não é por jornada. Consequentemente, há pouco diálogo entre uma disciplina e outra, mesmo entre disciplinas da mesma área. Ensinar o que está no livro fica mais econômico, mas menos significativo. Percebe-se uma inversão terrível e atroz operando aqui, segundo a qual as condições de trabalho dificultam o exercício profissional em vez de favorecê-lo e propiciar oportunidades de melhoria de qualidade.

Na segunda fase da pesquisa, o objetivo geral da sequência didática "Cultura dos povos de origem africana no Brasil", aplicada no 3º ano do Curso Técnico de Informática Integrado ao Ensino Médio, da Etec Jorge Street, foi compreender o tema citado de maneira integrada, utilizando conhecimentos ligados aos componentes curriculares de Língua Portuguesa e Literatura, Inglês, Artes e Educação Física.

Depois da análise dos dados coletados, conclui-se que o objetivo citado foi alcançado parcialmente. Os conhecimentos de Língua Portuguesa e Literatura e Artes foram bem explorados durante a aplicação da sequência didática, pois o material selecionado favorecia os dois componentes curriculares, já que o professor-pesquisador tem como formação inicial a licenciatura em Letras e as alusões à Arte são constantes.

No entanto, os conhecimentos ligados ao componente curricular Educação Física praticamente não foram utilizados para a compreensão do tema. Além disso, o componente curricular Inglês foi timidamente integrado ao processo de aprendizagem do tema.

Por outro lado, os conhecimentos do componente curricular História foram frequentemente mencionados, apesar desta disciplina não ter sido incluída diretamente na sequência didática.

Fica evidente, pela voz dos alunos, que em sua vida escolar, em linhas gerais, não houve preocupação por parte dos professores das diversas disciplinas em integrar o conhecimento dos alunos. No entanto, a segunda fase da pesquisa deixou evidente que o trabalho de integração curricular não consegue ser alcançado pelo trabalho de apenas um professor. Deve ser um trabalho em conjunto. Faz-se necessária, portanto, uma mudança de cultura no ambiente escolar para que qualquer que seja a intenção de integrar funcione. Inicialmente, o professor precisa enxergar o que faz de maneira integrada. Só assim terá condições de ensinar integrando.

7. Conclusão e Considerações Finais

O presente trabalho nos leva à conclusão de que integração curricular pode ter início com a postura do docente em sala de aula. Muito além da abordagem interdisciplinar e transdisciplinar, o professor pode partir do conteúdo a ser ensinado e ele mesmo estabelecer os pontos de contato com outras disciplinas. Inicialmente, é necessário identificar as fragmentações dentro de sua disciplina, para em seguida buscar formas de integrações. Depois desse exercício, um estudo nos planos de trabalho das disciplinas de sua área permitirá a visão do que é possível integrar entre elas. Porém, sem dúvida alguma, o professor deve adotar a postura de um grande leitor, que estuda, que quer ouvir seus alunos e ao mesmo tempo mostrar-lhes que sempre há algo mais, escondido nas entrelinhas de tudo o que aprendemos ou lemos; uma postura inquieta, que quer problematizar, e ao mesmo tempo desvelar mistérios para si e para os alunos; uma postura que coloca o sujeito em um movimento que possibilita, ao mesmo tempo, expansão e aprofundamento, de quem quer encontrar riquezas, significados escondidos, mesmo nas coisas óbvias.

Caso essa postura do docente em sala de aula torne-se parte da cultura de todos os docentes de uma instituição, pressupõe-se que a integração curricular aconteça mais rapidamente do que imaginamos. No entanto, essa é uma pesquisa que fica como sugestão para um outro trabalho acadêmico.

Além das conclusões citadas, algumas considerações são resultantes da pesquisa, mas não de modo direto. A pesquisa de professor (*teacher-research*) colabora para profissionalização na carreira docente, pois através do rigor acadêmico e científico serão publicados trabalhos que fatalmente ficariam no anonimato, prejudicando o respeito para com essa profissão essencial no processo de desenvolvimento de qualquer sociedade. Diferentemente do relato de prática, cada vez mais comum em Congressos e Simpósios no campo da educação escolar, a pesquisa de professor busca não só mostrar o que dá certo, mas também investigar problemas do cotidiano com minúcia suficiente para que possa estar ao lado de trabalhos científicos de qualquer ordem em possíveis publicações. O aumento desse tipo de pesquisa facilitará a discussão e delimitação de nomenclaturas próprias para os vários formatos que ela pode vir a ter.

No caso específico da área de Letras, a partir da análise da presente pesquisa, pressupõe-se que Literatura tem um potencial para ser um grande centro de integração curricular. Independentemente da língua utilizada para se trabalhar essa disciplina, a Literatura pode ser vista como a própria síntese cultural das diversas experiências humanas. Portanto, nela é provável serem encontrados temas e conteúdos que funcionem como nós articuladores, ou ganchos, para se estabelecerem relações com várias disciplinas presentes no currículo escolar, em especial na área de Linguagens. E, dependendo dos professores, é perfeitamente possível a ampliação para as áreas de Ciências da Natureza e Matemática.

Literatura é um dos caminhos iniciais para unir os professores de Letras com habilitações em diferentes línguas. Além de questões gramaticais, apresentação de variados gêneros textuais e a possibilidade da produção desses pelos alunos, um texto literário pode ser trabalhado em várias línguas, eliminando a primeira barreira para se conhecer determinado autor de literatura de expressão em uma língua não nativa do estudante. Isso amplia as possibilidades de um currículo para a Educação Básica, bem como o perfil do Professor de Línguas e Literatura. Pensando ainda que estamos em mundo globalizado, é perfeitamente justificável essa graduação mais flexível em Línguas e Literatura para a Educação Básica. É claro que isso vai exigir uma formação acadêmica muito mais sólida na licenciatura única, dupla ou múltipla, escolhida do curso de Letras. Porém, um projeto de qualidade exige investimento pesado.

A identidade do professor da área de Letras é uma questão que suscita vários debates. A dupla licenciatura em Português/Inglês é a formação mais comum para tal docente. No entanto, é possível tê-la em outras ou mais línguas. Diferentemente de um professor de Matemática ou Biologia que têm sua identidade clara, o docente da área de Letras que se propõe a ser *de* mais de uma Língua e Literatura, pois são disciplinas diferentes, sofre a desconfiança de não ser competente em disciplina alguma. A crise se agrava em instituições que dividem Língua Portuguesa, Gramática, Produção de Texto e Literatura, com um professor para cada uma das quatro disciplinas.

Particularmente, gosto de me apresentar como professor de Línguas e Literatura, pois mesmo lecionando inglês, português e literatura, em variados contextos, naturalmente trabalho com contextos de outras línguas ao abordar literatura universal. Portanto, creio que o mais adequado seria dizer que o professor da área de Letras na Educação Básica, independente da habilitação, deveria ser chamado de *Professor das Palavras*. Isso se justifica, pois o grande instrumento de trabalho desse professor é a *palavra*, e é ele o responsável por ensinar os alunos a utilizarem bem a *palavra*. Isso mudaria drasticamente a organização das disciplinas Língua Portuguesa e Literatura, Inglês, Espanhol e as demais línguas estrangeiras oferecidas na Educação Básica. Um curso, naturalmente, no Ensino Fundamental ou Médio, teria a tendência de caminhar segundo as maiores predileções da graduação do professor de Letras, no que diz respeito à língua que seria utilizada para o trabalho com determinadas obras literárias. No entanto, ele teria como obrigação obter uma visão mais ampla de Línguas e Literatura, além de ter como requisito essencial a licenciatura em Português, por ser a língua materna. Consequentemente, ir-se-ia extravasar essa visão para suas aulas, proporcionando aos alunos uma formação mais global da que temos hoje. Fica evidente que o professor formado em Letras carrega instrumentos para um trabalho pedagógico integrado, tornando-se inspiração para as outras disciplinas irmãs, antes de uma pretensiosa integração geral do currículo.

Referências

AIKENHEAD, G. S. *Chemistry and physics instruction*: integration, ideologies and choices. Universidade de Saskatchewan(Canadá), 2003.

______. STS in Canada: From policy to student evaluation. In: D. D. Kumar; D. E. Chubin (Eds.), *Science, technology, and society*: A sourcebook on research and practice. New York: Kluwer Academic/ Plenum Publishers, 2000. p. 49-89.

______. Collaborative research and development to produce an STS course for school science. In: SOLOMON, J.; AIKENHEAD, G. *STS in Education*: International perspectives on reform. New York: Teachers College Press, 1994. p. 216-227.

ALLESSANDRINI, C.; MACHADO, N. J.; MACEDO, L.; PERRENOUD, P.; THURLER, M. G. *As competências para ensinar no século XXI*: a formação dos professores e o desafio da avaliação. São Paulo: Artmed, 2002. 172 p.

BEANE, J. A. Curriculum integration and the disciplines of knowledge. *Phi Delta Kappan,* v. 76, n. 8, p. 616-622, 1995.

BEZERRA, Daniella de Souza. *Políticas e planejamento do ensino médio (integrado ao técnico) e da língua estrangeira(inglês)*: na mira(gem) da politecnia e da integração. Tese (Doutorado em Educação), Faculdade de Educação da Universidade de São Paulo, São Paulo, 2012.

BRASIL. Ministério da Educação. Secretaria de Educação Básica, Diretoria de Concepções e Orientações Curriculares para a Educação Básica, Coordenação Geral de Ensino Médio. *Programa: Ensino Médio Inovador, Documento Orientador*. Brasília, 2009. 29 p.

CARVALHO, O. *Aristóteles em nova perspectiva*: introdução à teoria dos quatro discursos. Rio de Janeiro: Topbooks, 1996.

CENTRO PAULA SOUZA. *Atualização da Proposta de Currículo para o Ensino Médio do Centro Paula Souza*. São Paulo, 2012.

CENTRO PAULA SOUZA. *Perfil e Histórico*. Disponível em: <http://www.centropaulasouza.sp.gov.br/quem-somos/perfil-historico>. Acesso em: 27 mar. 2014.

COHEN, L.; MANION, L.; MORRISON, K. *Research Methods in Education*. 5. ed. London: RoutledgeFalmer, 2000. 446 p.

CONFORTI, C. M. T. *A literatura no texto interdisciplinar*. Dissertação (Mestrado em Educação). Faculdade de Educação da Universidade de São Paulo, São Paulo, 2003.

D'ANGELO, M. *Escola Técnica Federal de São Paulo*: a integração do saber e do fazer na formação do técnico de nível médio. Tese (Doutorado em História). Faculdade de Filosofia, Letras e Ciências Humanas da Universidade de São Paulo, São Paulo, 2007.

DUSEK, V. *Filosofia da tecnologia*. São Paulo: Loyola, 2009.

EIJKELHOF, H. M. C.; KAPTEJN, M. A new course on public understanding of science for senior general secondary education in the Netherlands. In: CROSS, R. T.; FENSHAM, P. J. (Eds.). *Science and the citizen for educators and the public*. Melbourne: Melbourne University, Melbourne Studies in Education [Special Issue], 2000, p. 189-199.

ETEC JORGE STREET. Histórico. Disponível em: <www.jorgestreet.com.br>. Acesso em: 23 maio 2014.

FAZENDA, Ivani Catarina, Arantes. Interdisciplinaridade: definição, projetos, pesquisa. In: ______. *Práticas interdisciplinares na escola*. 2. ed. São Paulo: Cortez, 1993.

FREEMAN, Donald. *Doing Teacher Research: from inquiry to understanding*. London: Heinle e Heinle Publishers, 1998.

FREIRE, P. *Pedagogia da autonomia*: saberes necessários à prática educativa. São Paulo: Paz e Terra, 2010.

FROMM, E. *A revolução da esperança*. São Paulo: Círculo do Livro, s/d.

GIDDINGS, G. STS initiatives in Australia. In: YAGER, R. E. (Ed.). *Science/technology/ society as reform in science education*. Albany, NY: Suny Press, 1996. p. 271-279.

GODEMANN, J. Knowledge integration: a key challenge for transdisciplinary cooperation. *Environmental Education Research*, v. 14, n. 6, p. 625-64, 2008.

HAGEMEYER, R. C. C. A função do professor na contemporaneidade: fundamentando o processo das práticas catalisadoras. Tese (Doutorado em Educação). Faculdade de Educação da Universidade de São Paulo, São Paulo, 2006.

HANSEN, K.-H.; OLSON, J. How teachers construe curriculum integration: The science, technology, society (STS) movement as Bildung, 1996. *Journal of Curriculum Studies*, 28, 669-682.

HOLDEN, S. *O ensino da Língua Inglesa nos dias atuais*.1. ed. São Paulo: SBS, 2009. 183 p. v. 1.

JOHNSON, G. *In the palaces of memory*: how we build the worlds inside our heads. Knopf, 1991. Vintage paperback, 1992.

JURADO, S. G. O. G. *Leitura e letramento escolar no ensino médio*: um estudo exploratório. Dissertação de mestrado. Programa de Linguística Aplicada, PUC, São Paulo. Mimeo. 2003.

KERN, Richard. *Literacy and Language Teaching*. Oxford: Oxford University Press, 2000.

KLEIN, J. T. *Evaluation of interdisciplinary and transdisciplinary research*: a literature review, 2008. Phd – Programa de Estudos de Interdisciplinaridade do Departamento de Inglês da Universidade Estadual Wayne – Detroit-Michigan (EUA). Disponível em: http://www.sciencedirect.com/science/article/pii/S0749379708004200. Acesso em: 6 jan. 2012.

KNAIN, E. Sense and sensibility in science education: Developing rational beliefs through cultural approaches. *Studies in Science Education*, *33*, 1-29, 1999.

KOLSTO, S.D. Consensus projects: Teaching science for citizenship. International *Journal of Science Education, 22*, 645-664, 2000.

KUMAR, D. D.; CHUBIN, D. E. (Eds.) *Science, technology, and society*: A sourcebook on research and practice. New York: Kluwer Academic/ Plenum Publishers, 2000.

LDB. Disponível em: <http://bd.camara.gov.br/bd/bitstream/handle/ bdcamara/ 2762/ldb_ 6ed.pdf?sequence=7>. Brasília, Brasil. Acesso em: 7 mar. 2013.

LÉVY, P. *As tecnologias da inteligência.* Rio de Janeiro: Editora 34, 1993.

LISITA, V. M. S. S. *Didática e formação de professores*: um estudo sobre as possibilidades da reflexão crítica. Tese (Doutorado em Educação). Faculdade de Educação da Universidade de São Paulo, São Paulo, 2006.

LOPES, A. C.; MACEDO, E. *Teorias do currículo*. Cortez. São Paulo, 2011.

MACHADO, N. J. *Educação: competência e qualidade*. 1. ed. São Paulo: Escrituras, 2009. 210 p. v. 1.

MACHADO, N. J. *Educação: projetos e valores*. 4. ed. São Paulo: Escrituras, 2000. 160 p. v. 1.

MARINA, J. A. *Teoria da inteligência criadora*. São Paulo: Guarda--Chuva, 2011.

MICHAELIS. *Moderno dicionário da Língua Portuguesa*, 2015. Disponível em: http://michaelis.uol.com.br/moderno/portugues/index.php?lingua=portugues-portugues&palavra=integra%E7%E3o.Acesso em: 3 jul. 2015.

MILLAR, R. Science for public understanding: Developing a new course for 16-18 year old students. In: CROSS, R. T.; FENSHAM, P. J. (Eds.). *Science and the citizen for educators and the public*. Melbourne: Melbourne University, Melbourne Studies in Education [Special Issue], 2000. p. 201-214.

MOBJORK, M. Consulting versus participatory transdisciplinary: a refined classification of transdisciplinary research. *Future*, 2010. Disponível em: http://www.sciencedirect.com/science/article/pii/S0016328710000376. Acesso em: 10 jan. 2012.

MORIN, E. *A cabeça bem-feita*: repensar a reforma/ reformar o pensamento. 17. ed. Rio de Janeiro: Bertrand Brasil, 2010. 128 p.

______. E. *O método 3.* O conhecimento do conhecimento. Porto Alegre: Sulina, 1999.

NAGASU, N.; KUMANO, Y. STS initiatives in Japan: Poised for a forward leap. In: YAGER, R. E. (Ed.). *Science/technology/ society as reform in science education*. Albany, NY: SUNY Press, 1996, p. 261-270.

NICOLESCU, B. *Manifesto da transdisciplinaridade*. São Paulo: Trion, 1999. 167 p.

PCN. *Parâmetros Curriculares Nacionais:* Ensino Médio. Ministério da Educação. Brasília, 1999.

PIAZZI, P. *Ensinando inteligência.* 4. ed. São Paulo: Aleph, 2009.

SÁEZ, M. J.; CARRETERO, A. J. The challenge of innovation: The new subject 'natural sciences' in Spain, 2002. *Journal of Curriculum Studies*, 34, 343-363.

SOLOMON. STS in Britain: Science in a social context. In: YAGER, R. E. (Ed.). *Science/ technology/society as reform in science education.* Albany, NY: Suny Press, 1996. p. 241-248.

TAFT, T. M. *Curriculum integration in senior high school physics courses*. Dissertação (Mestrado em Artes). Universidade de Vitoria, Canadá, 2007.

THIER, H.; NAGLE, B. Developing a model for issue-oriented science. In: SOLOMON, J.; AIKENHEAD, G. (Eds.). *STS education:* International perspectives on reform. New York: Teachers College Press, 1994. p. 75-83.

THORPENBERG, S.; KRETTEK, A. Transdisciplinary Higher Education: a challenge for public health science. *Hindawi Publishing Corporation Education Research International*, volume, 2011, Article ID 649539, 6 pages.

TRESS, G.; TRESS, B.; FRY, G. Analysis of barriers to integration in landscape research projects. Noruega, 2006. Disponível em: http://www.sciencedirect.com/ science/article/pii/S0264837706000305. Acesso em: 7 jan. 2012.

WALLACE, J.; SHEFFIELD, R.; RENNIE, L. Ripples and Tsunamis to curriculum integration: a comparative case study. In: *Encontro anual da Associação australiana para pesquisa em Educação*, Austrália, 2005.

Apêndices

Apêndice 1. Relato das aulas de Língua Portuguesa e Literatura, Inglês, Artes e Educação Física para a Primeira Fase da Pesquisa

23/11/2012

Curso: Ensino Médio

Turma: 2º ano (40 alunos: 33 presentes – 11 meninas e 22 meninos)

Componente curricular: Língua Portuguesa e Literatura

Duração: 50 minutos

Conteúdo: Correção de Redações sobre Realismo e Romantismo; Prova sobre *Memórias Póstumas de Brás Cubas*; e revisão sobre análise sintática.

Relato: Inicialmente, a professora devolve redações que os alunos fizeram, seguindo a estética romântica ou realista. A professora elogiou os textos deles, enfatizando a criatividade. Ironicamente, um dos alunos disse que estava emocionado com o comentário. Em seguida, a professora pediu para um dos alunos distribuir uma folha para cada aluno, com exercícios sobre análise sintática. Alguns alunos reclamaram que foram mal na prova sobre Brás Cubas e alguns ironicamente citaram que é mesmo um grande livro. Um dos alunos entregou a avaliação sobre *Memórias Póstumas de Brás Cubas*. Alguns alunos argumentaram que fizeram algo na prova e tiraram I, enquanto amigos que fizeram menos tiraram R. A Professora escreveu os critérios na lousa: 7 – 6,5: MB ; 6,0 – 5,0: B; 4,5 – 3,5: R. Ela justificou o critério dizendo que muitas questões da prova já tinham sido trabalhados em aula. Além disso, argumentou que não existia classe média na época do livro, pois muitos alunos citaram isso na prova. Depois, ela reforçou que havia uma forte crítica à burguesia da época. Ela citou uma pergunta que comparava o livro com outra obra: *Viagens na minha terra.* Ela explica que as DIGRESSÕES são um ponto em comum dos livros. Ela disse que fez uma lista dos erros em comum, para comentar sobre o narrador onisciente usado. Um dos alunos disse que nunca ouviu falar em "narrador onisciente", mas num tom baixo em que a professora não ouviu e ele nem se interessou em perguntar a ela. Ele estava sentado na última carteira da parede, da direita para esquerda, do ponto de vista de quem olha da lousa para o fundo da sala. Ela citou que exigiu do aluno que ele citasse o nome de uma personagem na questão, por isso houve grande variação nas notas. O capítulo sobre ALMOCREVE é citado como exemplo para ter usado em uma das questões da prova. A maioria dos alunos presta atenção na explicação da professora. Um dos alunos pergunta de forma irreverente se poderia ter citado a prostituta Marcela na resposta. Ela diz que sim, num tom sério. Na questão 3, há uma pergunta que envolve o Romantismo comparado ao livro. Ela cita que quando forem comparar, é necessário colocarem trechos do texto ou ao menos fazer referência. Na última questão, ela explica um pouco do trecho utilizado, narrando a história. Uma aluna citou que foi "maldade" da professora esta questão. A pergunta era sobre METALINGUAGEM. Ela lê o trecho que era metalinguístico. A aluna perguntou se a ironia estava no trecho em si, ou só na parte que contém metalinguagem. A professora reforça que é na parte da metalinguagem. A professora comenta alguns erros na prova que ela listou: "interece", "da"-verbo, "ex-põe", "pesso". Ela diz que eles estão no 2º ano do médio e não podem mais cometer este erro. No meio da aula, a bibliotecária dá o recado que os alunos devem devolver os livros didáticos entregues, pois os alunos do ano seguinte os utilizarão. Os livros vêm do governo federal a cada 3 anos. A sala de aula contém uma lousa branca para o uso de caneta; há cinco fileiras para os alunos se organizarem; um ventilador na parede direita ao alto, de quem olha da lousa para o fundo da sala. Alguns alunos vão até a carteira da professora, pedindo para que ela aumentasse a nota. Um dos alunos consegue e sai dançando pela sala passos de *break*. Há uma televisão próxima da porta da sala, no alto da parede, à direita de quem entra. Do lado esquerdo da parede, há janelas de ponta a ponta, no alto. A professora comenta como corrigi uma Redação, dizendo que prefere utilizar números a conceitos. Assim, ela utiliza B+, R-, I+, MB-; a fim de ter uma margem maior e mais justa para a nota final. Ao comentar sobre as redações produzidas por eles, a professora compara o período do Realismo e o nosso atual. Ela disse que alguns alunos terminaram o texto realista com final feliz. Eles tiveram um desempenho melhor no texto sobre Romantismo. Neste momento, os alunos demonstraram maior alegria e sintonia com a professora. Um aluno cita que o Romantismo é "mo dá hora". A professora cita que há um poeta na sala e o elogia. Os alunos o ovacionam. Além disso, há a referência a autores atuais que são muito influenciados pelo Realismo. Por exemplo, o paulistano Ferrez. Em seguida, ela pede que eles façam os exercícios sobre análise sintática. A professora escreve na lousa "Transitividade Verbal": verbo transitivo direto – objeto direto (não há preposição); verbo transitivo indireto (utiliza preposição); verbo intransitivo (não utiliza "objeto"; adjunto adverbial (advérbios); verbo de ligação (predicativo do sujeito); complemento nominal; logo abaixo de cada um dos termos, as abreviações : VTD, OD, VTI, OI, VI, AA, VL, PS, CN. A professora escreveu na lousa para relembrar estes conteúdos. Ela explica os conceitos e os alunos demonstram atenção.

Comentários da professora: segundo ela o que dificulta o trabalho são as 3 aulas semanais apenas e muitos alunos na sala. Com 4 aulas e menos alunos, poderia ser feito um trabalho melhor.

25/10/2012

Curso: Ensino Médio

Turma: 1º ano (23 alunos: 1 ausente – 17 dispensados)

Componente curricular: Inglês

Duração: 50 minutos

Conteúdo: Preposições para Tempo: IN, ON, AT.

Relato: O professor inicia a aula questionando os alunos sobre o conteúdo da aula anterior, a fim de que eles relembrem o que foi estudado. Eles respondem prontamente as questões e mostram muito interesse. Ao mesmo tempo, esclarecem dúvidas de vocabulário relacionado à explicação teórica do conteúdo presente no material didático. Simultaneamente, o professor propõe novos exemplos na lousa, para que entendam completamente. A partir dos exemplos citados, o professor propõe perguntas para que os alunos presumam as regras. Em todas as explicações, a língua materna é usado como suporte da aprendizagem do Inglês. Todos os alunos têm o material didático e boa parte deles procura participar da aula. Eles estão num clima muito descontraído, porém respeitoso com o professor. Depois de toda a explicação, o professor orienta os alunos para fazerem exercícios escritos do conteúdo, individualmente. Apesar disso, durante a elaboração das respostas, o professor esclareceu dúvidas e aproveitou a facilidade de alguns de forma que estes fizeram o papel de "monitores" em alguns momentos (enquanto o professor esclarecia dúvidas de um grupo, os "monitores" ajudavam outros). Ao perceber que a dificuldade de um aluno poderia ser de muitos, o professor retoma a atenção da turma e explica. Ao fim da aula há a correção que é feita da seguinte maneira: O professor pergunta para alguns alunos, aleatoriamente, responderem em voz alta. A maior parte da aula é em Português e, eventualmente, há intervenções em Inglês. Durante a correção, o professor aproveita para aperfeiçoar a oralidade dos alunos e ensiná-los algumas palavras que são ligadas na pronúncia. Ainda na correção dos exercícios, alguns alunos presumem mais algumas regras e fazem perguntas ao professor para conferir. Outros alunos ficam envergonhados em ler sua resposta em Inglês. Nestes casos, o professor pede que eles leiam em voz baixa para só ele ouvir.

Comentários do professor: segundo ele, os alunos estavam com o comportamento atípico (muito cordial), pois havia um visitante (pesquisador) na sala. Além disso, ele concordou com todo o relato acima, sem sugerir mudanças.

08/11/2012

Curso: Ensino Médio

Turma: 1° ano (23 alunos: 1 ausente – 17 dispensados)

Componente curricular: Inglês

Duração: 50 minutos

Conteúdo: Correção de exercícios sobre Prefixo e Sufixo.

Relato: O professor iniciou a aula verificando quem havia feito a lição de casa. Cada aluna ia até à mesa do professor e ele vistava. Depois, a correção iniciou com o professor dizendo: "I want a volunteer". Alguns não sabiam o significado da palavra e ele perguntou quem sabia. Alguns responderam corretamente. Em seguida, um aluno leu o enunciado e o professor perguntou para sala o que era para fazer no exercício. Alguns alunos responderam corretamente. Surgiu uma dúvida de vocabulário: o significado da palavra "growth". Ele escreveu na lousa "grow" e perguntou o significado, os alunos reponderam "crescer". Depois, ele escreveu growth e disse que era um substantivo. Então, eles responderam "crescimento". Outra dúvida de vocabulário foi "beginning". Os alunos disseram que o significado era "começando". O Professor argumentou que nem todas as palavras terminadas em ING equivalem ao gerúndio em Português. Eles lembraram do dia que ele já havia explicado isso. Outra dúvida de vocabulário foi "weakness". Ele escreveu weak na lousa e eles responderam o significado. Depois, disse que a outra era substantivo e eles entenderam o significado. Palavras como "teacher, singer e player" foram dúvidas e o professor seguiu o mesmo procedimento. Uma dúvida sobre conjugação surgiu. Um aluno perguntou: Por que "were" e não "was" precisa ser usado na frase "Policemen were here"? Prontamente, um aluno respondeu: Porque "policemen" é plural. E o professor escreveu na lousa outro exemplo que segue a mesma regra "man-men". A correção é feita com alunos escolhidos pelo professor lendo as respostas em inglês. Assim, ele corrige eventualmente problemas ou curiosidades sobre pronúncia. Uma delas foi a pronúncia da palavra "either". Ele falou sobre as duas possibilidades de pronúncia. Em determinado exercício, o professor falava o início da frase e os alunos em uníssono completavam. Surge uma dúvida. O professor escreve na lousa: "I saw you yesterday playing soccer/ I didn't see you yesterday./ Did you see the game yesterday?". Ele grifa o verbo "saw" e pergunta qual é a forma: afirmativa, negative e interrogative. A partir daí, explica a função do DID como auxiliar e alguns alunos ainda não entendem porque o verbo volta para o infinitivo sem o TO. O Professor explica que é por causa da presença do auxiliar. Um aluno ainda pergunta: Então é só na negativa e interrogativa que isto ocorre? E o professor responde que sim. Diferentemente de quase toda a turma, dois alunos que sentam próximos da lousa, conversam sobre outros assuntos num tom de voz baixo. Enquanto o professor lê um texto dos exercícios, já esclarece dúvidas de vocabulário, como "path", que imediatamente ele fala em Português. Ele escreve a palavra THOUGHT na lousa e pergunta quem sabe pronunciar. Ninguém acerta e ele pronuncia, imediatamente relacionando com um exemplo da língua portuguesa, falando uma frase imitando uma pessoa fanha. Em todos os exercícios, o professor verifica se os alunos entenderam os enunciados. O espaço físico contém uma lousa quadriculada verde, que ocupa uma parede inteira. Do lado esquerdo de quem olha para o fundo da sala, há janelas no alto da parede, de ponta a ponta. Há umas 6 alunos na primeira fileira da direita para esquerda de quem olha para o fundo; 5 alunos na segunda fileira; 4 na terceira; 3 na quarta; e 3 na quinta. Uma aluna fica isolada no fundo da quinta fileira, porém prestando atenção. Há um ventilador na sala. Ele fica no alto da parede à direita de quem olha para o fundo da sala e faz um pouco de barulho. Talvez isto evite que o Professor perceba que dois alunos conversam em voz baixa a aula toda, na quinta fileira. Um aluno, enquanto o Professor está caminhando pela sala, durante a correção, pergunta ao outro: O que significa ABLE? Sua colega responde: CAPAZ. O professor corrige com o livro didático na mão.

Comentários do professor: Ele concordou com o relato e acrescentou que os alunos que conversavam são ótimos e muitas vezes ajudam o professor em dúvidas dos colegas de sala, como monitores, pois eles adoram inglês.

13/11/2012

Curso: Ensino Médio

Turma: 3º ano (37 alunos: 17 ausentes na 1ª aula e 14 ausentes na 2ª)

Componente curricular: Educação Física

Duração: 100 minutos

Conteúdo: Fundamentos e Jogo de Futebol de Salão.

Relato: A aula iniciou com um alongamento de pernas. O professor organizou os alunos em um único círculo no centro da quadra. A aula é na quadra da escola, que contém duas traves de gol, duas cestas de basquete e uma pequena arquibancada. Depois do primeiro alongamento, o professor pediu para os alunos sentarem e iniciou a segunda parte do exercício físico. Durante o alongamento, os alunos conversam sobre diversos assuntos. Antes de iniciar tudo, o professor comenta que será o última dia de aula de Educação Física do ano, por causa dos futuros feriados e da prova do Saresp e semana de provas na escola. Há seis alunos que preferem não participar dos exercícios físicos. Eles ficam sentados na quadra fazendo exercícios de Geografia e Literatura. Os outros alunos iniciam prática de futebol de salão. Eles aguardavam há muito esta aula, pois é a última do ano e eles adoram este esporte. Os alunos desta turma até têm um uniforme personalizado de cor vinho, branco e dourado. Há um símbolo no peito, lado esquerdo, com o seguinte nome: "Bar sem Lona". O desenho desde símbolo é muito semelhante ao do time do Barcelona (Espanha). O professor acompanha a atividade como juiz e organizador. Entre os alunos que jogam, um veste o uniforme do São Paulo Futebol Clube, um do Santos Futebol Clube e um o uniforme da escola. Este é azul, branco e laranja. Um aluno que está no banco de reservas procura orientar seu time de maneira incisiva e com muita seriedade. Este aluno costuma dar muito trabalho aos professores em sala de aula, pois não é muito dedicado às matérias teóricas do curso. Chove muito neste dia e o telhado da quadra é antigo. Por isso, há pequenas goteiras na quadra. Regularmente, o professor coloca jornais velhos nos locais em que pinga água. O aluno que antes dava orientações do banco de reservas entra em quadra para jogar. Os alunos sentados na arquibancada fazem um trabalho de Geografia relacionado à Economia Mundial e a Globalização, enquanto outros fazem sobre dois capítulos do livro *Memórias Póstumas de Brás Cubas* (Machado de Assis). O aluno que estava no banco de reservas e entrou em quadra é um grande organizador de jogadas, com ou sem a bola em seus pés. Ele fala com o time o tempo todo. Mais três alunos chegam para a segunda aula, mas preferem ficar na arquibancada. A estrutura da cobertura da quadra é feita por "calhão" e "brasilite". Um dos lados da parede é de concreto, dois são semelhantes à cobertura e o último que beira o refeitório da escola tem um quarto de concreto e o restante de pequenas janelas de vidro em forma de quadrados, dentro de uma estrutura de cimento. Por isso, há uma tela de proteção em forma de rede que está atrás do gol deste lado. A proteção vai do chão ao teto. Um dos alunos que jogava antes, decide fazer sua lição de Geografia. Um dos alunos da arquibancada pede a opinião ao pesquisador sobre um provável mapa que estará no livro escrito pelo aluno. Lembra muito o estilo de *O senhor dos anéis*. O professor comenta que há algum tempo alunos de outras turmas não entram mais na quadra para atrapalhar as aulas de Educação Física. Isto foi conquistado, pois o professor começou a fechar o portão de acesso à quadra frequentemente. Os alunos na quadra demonstram grande habilidade no futebol. Eles revezam de maneira harmônica entre os que ficam no banco e os que jogam. Eles levam muito a sério cada jogada. O professor mostra medalha e troféu de Campeonato de Bumerangue, realizado em São Caetano do Sul e aberto a todo o Estado, em que alunos da escola venceram e algumas categorias. Semanas atrás, houve um evento de Música e Esporte na escola. Estavam presentes profissionais brasileiros e um australiano. Eles fizeram demonstrações e presentearam os alunos com pequenos bumerangues de papel e plástico. O professor comenta que o quarto bimestre foi dedicado ao futebol de salão. O primeiro foi para vôlei, o segundo, handball e o terceiro, para basquete.

Comentários do professor: ele concordou com o relato.

26/02/2013

Curso: Ensino Médio

Turma: 1º ano integrado de Informática

Componente curricular: Artes

Duração: 100 minutos

Conteúdo: O que é Arte?

Relato: A professora iniciou a aula com a chamada. Questionou os alunos sobre os conteúdos da aula anterior a fim de retomá-los. Em seguida, desenhou uma folha sulfite na lousa e explicou como os alunos devem usá-las, principalmente em relação à caligrafia técnica. Depois, escreveu na lousa O QUE É ARTE? Perguntou aos alunos se a Arte era importante e um deles respondeu: "A Arte serve para nos desenvolvermos como pessoa!". A Professora deu vários exemplos de manifestações artísticas no dia a dia dos alunos: em embalagens, roupas, ruas, etc. Segundo ela, a Arte está em toda parte. A professora voltou para a lousa e começou a perguntar aos alunos sobre as manifestações artísticas que eles conhecem. Eles citaram Música, Teatro, *Design*, Cinema (neste momento, lembrou que é conhecida como Sétima arte), Arquitetura (Ele argumentou que é uma manifestação que faz parte de Humanas e não Exatas), Desenho, Pintura, Animação, Literatura, Fotografia, Dança, Artesanato (neste momento, ela lembra que era considerado como Arte menor), Escultura, Arte culinária (esta surgiu depois de uma proposta de reflexão da professora se deveria ser considerada ou não), Artes marciais. A professora lembra de questões que outros alunos fizeram a ela sobre o que é considerado Arte. Ela citou Balão e Esporte. Ela disse que a diferença entre Esporte e Arte está ficando muito tênue, por exemplo, nas Olimpíadas. A elaboração do balão poderia ser considerada, segundo ela. Ao fim, ela cita o "Futebol-Arte", quando ele tem este fim. Com a lista na lousa, a professora começa a fazer uma série de questões sobre cada um mencionado. Os alunos concluem que Música é feita de som, o Teatro depende do corpo, o *Design* depende de materiais diversificados, o Cinema depende principalmente dos atores, Pintura depende das tintas, Literatura depende da palavra, a Fotografia precisa da tecnologia, Artesanato utiliza materiais aparentemente sem valor. Posteriormente, ela pergunta o que estes artistas têm em comum. Eles respondem: "Criatividade!". Ela continua: "O que é criatividade?". Os alunos respondem: "Buscar novas possibilidades! – Surpreender às pessoas!". A professora reforça que o ser humano tem este potencial criativo naturalmente. Ela cita que o artista não pode ser muito repetitivo, pois não teria mais espaço como artista. Durante toda explicação, os alunos prestavam atenção em silêncio e só falavam para esclarecer dúvidas e responder as perguntas da professora. Um aluno pergunta: "A criatividade pode ser aprimorada?". A professora responde que sim. Ela pergunta: "Criar para quê? O que faz parte das modalidades da Arte?". Um aluno responde: "Aprender! Ganhar dinheiro!". A professora diz que o principal era: "Criar para se comunicar!". Uma aluno diz que foi ao Masp nas férias e cita que viu uma escada com um bode azul. Perguntou à professora o significado. A professora diz que isto é Arte contemporânea. Ela diz sobre a possibilidade de um copo-d'água na mesa. Ela explica que é uma arte subjetiva, rica, que propõe reflexões. Ela volta ao exemplo do aluno e os alunos tentam ajudar: "A pessoa iria pintar de azul o teto, aí caiu num bode. Foi inspirado nos Smurffs!". A professora argumenta para eles não se assustarem com o contemporâneo. Ela continua a aula e escreve na lousa outro ponto importante sobre a aula: "Fruir! Ela cita que é importante aproveitar, curtir a Arte, como a Música, por exemplo". Ela pergunta se alguém já havia ido a algum show. Eles citam bandas estrangeiras. Um grupo de alunos no fundo começam a conversar sobre outros assuntos e a professora pede que façam silêncio. Eles obedecem prontamente. A professora exemplifica que durante o show de uma banda, eles fruem. Em seguida, ela pergunta se alguém havia chorado ao ler um livro. Uma aluna disse que sim, pois ficou emocionada. A professora aproveitou e disse que a Arte toca as nossas emoções, não o lado racional. Ela perguntou: "Quem já teve medo ao ler um livro?". Um aluno citou livros de Stephen King, como *O iluminado*. Ela pergunta: "Qual é o fruir de uma Pintura?". Ela falou de uma pintura que a fez chorar. Tanto a Pintura quanto a Escultura muitas vezes exigem um conhecimento prévio do trabalho para as pessoas fruírem. Ela cita uma experiência artística em que as pessoas entravam numa sala, como a sala de aula, em que as pessoas desciam do teto cheios de barro partiam para as pessoas e causavam uma série de desconfortos para o público dentro da sala. Ao fim, quem está assistindo pela televisão, pensa que é um público comum dentro da sala, mas eram atores. O diretor era argentino e buscava adrenalina. A professora perguntou se o diretor conseguiu e ele disseram que sim. A professora permanece a maior parte do tempo na frente da sala. Há cinco fileiras com aproximadamente 7 alunos em cada. Há apenas quatro meninas na sala. Ao citar as Artes Marciais, ela pergunta: "Onde está criatividade nas Artes Marciais?". O alunos citam que os golpes inventados são criativos. A professora concorda. Ela continua: "Por que o Futebol tem Arte?". Eles respondem que é preciso criatividade nos dribles e nas jogadas, que não necessariamente são treinadas. Um aluno pergunta se há arte nas torcidas de futebol. A professora responde que sim. Ela pergunta, como forma de síntese, o que eles concluem sobre a seguinte questão: O que é Arte? Ela propõe que eles escrevam uma definição, em 15 minutos, sem limite de linhas e individualmente. A classe fica em silêncio. A sala de aula contém um ventilador no alto da parede esquerda de quem olha de costas para a lousa. Há uma porta ao lado esquerdo da lousa. As paredes estão pintadas de branco e cinza. A lousa é verde e ocupa uma parede inteira. A mesa do professor fica em frente da porta, de seu lado oposto. Na parede ao lado da mesa há várias janelas no alto com duas cortinas azuis. No alto do canto esquerdo da lousa, de quem olha do fundo, há um aviso: "Desligue o celular!". Há uma imagem de um celular com um círculo em volta e um traço cortando o aparelho. A professora observa as produções, caminhando pela sala e pede que alguns completem suas respostas. Ela pergunta quem gostaria de ler. Um aluno imediatamente responde querer. Ele lê em voz alta. A professora pede que outro leia. As respostas são longas e utilizam os argumentos utilizados na aula. A professora elogia todas elas. Ela diz que fica muito preocupada com as pessoas que definem simplesmente Arte como "expressão de sentimentos". Segundo a professora, há muitas pessoas que só buscam resultados financeiros com uma suposta Arte e não carregam de sentimentos o seu trabalho. Para ela, uma Arte tem valor se é feita primeiro para o próprio criador dela e que depois transborda para o público. Para finalizar, a professora pede que os alunos escrevam sua própria definição: "Arte é um produto do homem, no qual palavras, sons, formas, cores, texturas, corpos tecnologia são habilmente harmonizados para comunicarem uma experiência humana". Ela escreveu na lousa e pediu que eles copiassem abaixo da definição que eles redigiram. Ela falou que na aula seguinte mostrará um vídeo sobre o assunto. Pediu também que os alunos fiquem mais atentos com o mundo a sua volta para perceberem as manifestações artísticas presentes.

Comentários da professora: ela concordou com o relato.

Apêndice 2. Sequência didática utilizada na Segunda Fase da Pesquisa

Roteiro para a Sequência Didática do tema integrador

"Cultura dos povos de origem africana no Brasil"

Fernando de Oliveira Souza

Objetivo Geral: Compreender o tema citado de maneira integrada, utilizando conhecimentos ligados aos componentes curriculares de Língua Portuguesa e Literatura, Inglês, Artes e Educação Física;

Número de aulas: Aproximadamente 16h/a

Apresentação: O presente trabalho terá como foco uma turma de 3º ano do Curso Técnico de Informática Integrado ao Ensino Médio, da Escola Técnica Estadual Jorge Street, pertencente ao Centro Estadual de Educação Tecnológica Paula Souza, em São Caetano do Sul (SP). O curso contém 17 componentes curriculares na série referida e poucos elos práticos entre as diferentes áreas as quais abrange ou uma unidade geral do curso. Em seus primeiros anos de implementação (2011 a 2013), depois de 11 anos de separação entre o núcleo técnico e o comum, houve uma crise de identidade entre os discentes e docentes no que se refere aos objetivos gerais e específicos do curso, diante da fusão entre a grade curricular do Ensino Médio e o Técnico Modular. Alguns professores do Núcleo Comum continuaram a enfatizar o seu trabalho com foco no vestibular e outros em contextos mais abrangentes da vida dos alunos, mas ambos amparados pelo destaque altamente positivo das Etecs no Enem, desde o início da publicação dos *rankings*, feitos pelo governo federal, e o alto número de aprovações dos alunos em grandes universidades brasileiras. No entanto, havia poucas referências destes à área técnica. Do outro lado, professores do Núcleo Técnico mantinham seu trabalho completamente focado em suas especificidades, crendo que o aluno teria por obrigação atuar como técnico primeiro, antes de seguir uma vida acadêmica. Em meio a esta falta de clareza nos objetivos do curso, os alunos sentiram grande dificuldade em organizar seu próprio horário de dedicação aos estudos, por não terem claro em mente a unidade geral e específica dos componentes curriculares. Como resultado, muitos preferiram valorizar mais o Núcleo Técnico, deixando em segundo plano o Núcleo Comum.

Diante deste quadro exposto, o presente projeto tem como objetivo investigar estratégias transdisciplinares adequadas para integrar os componentes curriculares do Ensino Médio, partindo da área de Linguagens. Para tanto, depois de feito um estudo dos planos de trabalho de Língua Portuguesa e Literatura, Artes, Educação Física e Inglês, documentos do Centro Tecnológico de Educação Estadual Paula Souza e do Ministério da Educação, a fim de verificar quais são as fragmentações existentes dentro de cada um desses componentes curriculares, houve a elaboração de vários temas transdisciplinares relevantes e aplicáveis à comunidade escolar estudada. O tema escolhido foi "Cultura dos povos de origem africana no Brasil".

A justificativa para tal escolha fundamenta-se, inicialmente, na Lei n. 10.639/2004, de Diretrizes e Bases da Educação Nacional, que obriga o ensino de História e Cultura Afro-Brasileira e Africana na Educação Básica. Aliado a isso, na Etec Jorge Street, este ensino ainda é contemplado de maneira tímida, portanto esta é uma oportunidade de efetivá-lo de forma consistente.

O caminho da transdisciplinaridade é o mais adequado para este contexto, pois esta concepção é frequentemente entendida como uma produção de conhecimento estendida incluindo uma variedade de integrantes e com uma percepção aberta da relevância de diversos conceitos leigos e científicos.

Para organizar esta sequência didática, o referencial teórico tomado como referência é aquele proposto por Cope e Kalantizis, também discutido por Kern (2000). Esses autores propõem o trabalho com quatro componentes curriculares: prática situada (primeiro contato com os textos disponíveis); instrução explícita (compreensão sistemática e analítica através da utilização explícita de metalinguagem no lidar com textos disponíveis); enquadramento crítico (expansão do processo interpretativo de um determinado texto, levando em conta aspectos socioculturais); e prática transformada (recriação dos sentidos em outros contexto).

Este trabalho, naturalmente, irá favorecer o desenvolvimento de discurso oral e escrito, ganho de significado na aprendizagem, visão global do mundo, e estratégias de leitura aplicáveis a qualquer área.

Materiais de Apoio:

1. material em PDF para visita ao Museu Afro Brasil (http://www.museuafrobrasil.org.br/aprenda/publica%C3%A7%C3%B5es)

    O museu Afro Brasil é uma instituição pública, subordinada à Secretaria de Estado da Cultura de São Paulo e administrada pela Associação Museu Afro Brasil - Organização Social de Cultura. O Museu conserva um acervo com mais de 5 mil obras, entre pinturas, esculturas, gravuras, fotografias, documentos e peças etnológicas, de autores brasileiros e estrangeiros, produzidos entre o século XV e os dias de hoje. O acervo abarca diversas facetas dos universos culturais africanos e afro-brasileiros, abordando temas como a religião, o trabalho, a arte, a diáspora africana e a escravidão, e registrando a trajetória histórica e as influências africanas na construção da sociedade brasileira. Esse caderno citado foi produzido especialmente para crianças e adolescentes, mas também pode ser apreciado por jovens e adultos. Nele, o leitor encontrará informações importantes para perceber que há muito a descobrir sobre a história do nosso país e em particular a respeito do papel fundamental da população negra na construção da sociedade brasileira.

2. Vídeo: Moda africana: nova África a partir do 7min40s ao 10min50s (http://www.youtube.com/watch?v=yu4N3yAu4v4)

    Os programas do *Nova África* privilegiam as imagens e o encadeamento cinematográfico de cada depoimento. Ao mesmo tempo, as informações transmitidas ao telespectador são tratadas jornalisticamente, com a preocupação de expor e explicar de forma didática cada elemento, contextos históricos e dados atualizados sobre os países e os assuntos tratados. Relatos de entrevistados ilustres traçam um panorama do continente. No trecho do episódio citado, Nova África mostra como a estética do continente africano tem se tornado referência de moda para as passarelas de todo o mundo. Você verá que a África é mais do que uma fonte de inspiração para o planeta. Em Angola, quem está na moda é o Brasil. Os *designers* desenvolvidos no Brasil fazem a cabeça, o corpo e os pés de angolanos e angolanas. O Nova África mostra que esse sucesso vem de uma mania brasileira muito comum no país: as novelas. Inspiradas pelas telenovelas, dezenas de sacoleiras angolanas vem ao Brasil para levar as roupas utilizadas por atores e atrizes brasileiros. O programa mostra como funciona esse mercado e acompanha esses comerciantes da moda pelas ruas de São Paulo.

3) Capítulo "Aventura de Ogum", do livro *Capitães da areia* (Jorge Amado), 1937

O tempo vai fechando de vez no país. É a ditadura do Estado Novo que se implanta. Recolhido na cidade de Estância, no interior de Sergipe, Jorge Amado começara a escrever um outro livro, terminando a sua redação já a bordo do navio Rakuyo Maru, em viagem para o México. É *Capitães da areia*. Uma história dos meninos de rua da Bahia, na década de 30. Narrativa do amor de Dora e Pedro Bala. Peripécias do bando de menores que perambula perigosamente pelas ruas e pelo cais de Salvador, cidade "negra e religiosa", onde se projeta a personalidade da ialorixá Aninha, mãe de santo do Ilê Axé Opô Afonjá. Dora morre, doente, no trapiche enluarado. Pedro Bala é preso, foge, mete-se em greves de estivadores, até que se converte em "militante proletário, o camarada Pedro Bala". O problema é que o livro é publicado em 1937, logo em seguida à implantação do Estado Novo, regime violentamente anticomunista. Assim, a edição é apreendida – e exemplares do livro são queimados em praça pública, na Cidade da Bahia, por representantes da ditadura. Mas de nada adiantou. Quando pôde voltar à cena, *Capitães da areia* conquistou o grande público e é ainda hoje um dos maiores sucessos de Jorge Amado. Neste capítulo, há uma apresentação bem didática do autor a respeito de Ogum, na mitologia yoruba, o senhor do metais. *fonte: www.jorgeamado.org.br*

4) Prefácio, de Robert F. Thompson, do livro *Ring of Libertation* (J. Lowell Lewis)

(http://books.google.com.br/books?id=b6ZYoi7uID4C&printsec=frontcover&hl=pt-BR&source=gbs_ge_summary_r&cad=0#v=onepage&q&f=false; http://capsoc.page.tl/Books.htm)

Este livro apresenta um ponto de vista estrangeiro a respeito da capoeira, feito pelo professor J. Lowell Lewis, da Universidade de Sidney. No prefácio, o autor apresenta um panorama histórico da capoeira quando chegou aos EUA. Além disso, descreve as peculiaridades que envolvem esta arte marcial, bem como sua experiência na Bahia.

5) Portal Clickideia

(Fonte:www.clickideia.com.br)

A Clickideia Tecnologia Educacional é uma empresa que atua no desenvolvimento de conteúdos educacionais e metodologias pedagógicas, concebidas para *web*, de alta qualidade para alunos e professores do ensino médio e fundamental nos segmentos de escolas públicas e privadas, bibliotecas digitais e projetos especiais para a área corporativa, fomentando o uso das tecnologias no ensino. A Clickideia tem um convênio de cooperação institucional com a Universidade Estadual de Campinas (Unicamp) em atividades de ensino, pesquisa, desenvolvimento, prestação de serviços, formação de Recursos Humanos, absorção e transferência de tecnologias na área de tecnologia aplicada à educação. Há um contrato com o Centro Tecnológico de Educação Estadual Paula Souza para utilização dele por parte do alunos e professores das Etecs.

Parte I: Conhecimento prévio

Duração: 2h/a

Objetivos: 1. Investigar o conhecimento prévio dos alunos a respeito de integração curricular no Curso Técnico de Informática Integrado ao Ensino Médio; 2. Investigar o conhecimento prévio dos alunos sobre cultura dos povos de origem africana no Brasil; 3. Apresentar e contrastar o conhecimento prévio dos alunos sobre cultura do povos de origem africana no Brasil e parte do conteúdo do Museu Afro Brasil.

Descrição:

1) O professor entrega o impresso com as questões da avaliação diagnóstica para o curso;
2) O professor lê as questões com os alunos e esclarece possíveis dúvidas. Em seguida, propõe para que eles as respondam individualmente em folha a ser entregue (20 minutos);
3) Respondidas as questões, o professor pede a alguns alunos para lerem suas respostas e abre-se um debate sobre elas na aula (20 minutos);
4) O professor pede que os alunos estabeleçam grupos de 3 alunos a fim de entregar um dos seis temas do material para posterior visita ao Museu Afro Brasil. Após isso, sorteia e entrega um tema de cada capítulo para cada grupo (10 minutos);
5) Entregues os temas, o professor pede que cada grupo discuta o que eles imaginam encontrar sobre o tema dado. Depois, abre-se uma discussão para toda sala. (10 minutos);
6) O professor entrega o material do museu com textos e imagens de cada capítulo e pede que cada grupo leia o material e compare com suas expectativas anteriores. Em seguida, abre-se nova discussão

sobre as semelhanças e diferenças entre o conteúdo do material e o que os alunos imaginavam, além do que mais chamou atenção no capítulo (15 minutos);

Materiais de apoio: Impresso com questões diagnósticas; material em PDF para visita ao Museu Afro Brasil.

Avaliação diagnóstica para o curso (prática situada)

1) Como é a relação entre as disciplinas do Curso Técnico de Informática Integrado ao Ensino Médio?
2) Você percebe relações entre a língua inglesa, atividades físicas e os povos de origem africana no Brasil?
3) Quais são os textos de escritores brasileiros que você se lembra de ter influência da cultura africana? Cite exemplos.
4) De que maneira você percebe a presença da cultura africana em seu cotidiano? Justifique.

Parte II: Visita ao Museu
Duração: 4h/a
Objetivos: 1. Conhecer as particularidades da cultura dos povos de origem africana no Brasil, no Museu; 2. Comparar o que mais chamou atenção no material do museu entregue em aula e o referente dentro do museu.
Descrição: O professor acompanha os alunos ao Museu AfroBrasil. A tarefa deles será fazer um relatório de visita comparando o que mais chamou a atenção deles sobre o material do museu entregue em aula e o seu equivalente ao vivo. Em seguida, eles deverão aproveitar toda a parte interativa do museu.
Materiais de apoio: caderno e PDF da visita.

Parte III: Análise específica do material do Museu Afro Brasil

Duração: 2h/a

Objetivos: 1. Descrever oralmente como foi a experiência no Museu Afro Brasil; 2. Conhecer as origens dos povos africanos que vieram para o Brasil; 3. Diferenciar a cultura de alguns povos de origem africana que vieram para o Brasil; 4. Relacionar a cultura dos povos de origem africana que vieram para o Brasil com seu conhecimento de mundo e situações já vividas; 5. Ampliar os conhecimentos sobre escravidão e abolição.

Descrição: 1. O professor inicia a aula perguntando aos alunos como foi a experiência no Museu Afro Brasil (5 minutos); 2. O professor entrega questões impressas sobre o material em PDF do museu e os alunos ligam o computador e abrem o arquivo do material (há laboratórios de informática na escola, além de boa parte dos alunos levarem seu computador pessoal para as aulas). Em seguida, o professor pede para os alunos responderem individualmente as questões propostas sobre os dois primeiros capítulos (30 minutos); 3. Na correção, o professor requisita que alguns alunos leiam suas respostas e coloca sugestões para elas na lousa (25 minutos); 4. Para os dois capítulos seguintes, o professor pede que eles sigam o mesmo procedimento (20 minutos); 5. Na correção, o professor requisita que alguns alunos leiam suas respostas e coloca sugestões para elas na lousa (15 minutos).

Materiais de apoio: questões sobre o material em PDF e ele próprio.

Roteiro para discussão e aprofundamento do material

Leia o texto *Como tudo começou* (5 minutos).

1) Cite cinco rotas dos navios negreiros, de onde partiram da África e chegaram no Brasil, especificamente. (Instrução explícita)

Leia o texto *Os diferentes povos africanos* [p. 6-9] (25 minutos).

2) Você já usou máscaras na sua vida ou conhece alguém que já utilizou? Explique a situação. (Prática situada)
3) Existe alguma semelhança entre o que você citou na questão 2 e o significado das máscaras na cultura africana? Qual? (p. 6) (Enquadramento crítico)
4) A primeira impressão que você teve sobre as máscaras, ao vê-las nas fotos, condizem com a legenda explicativa? Justifique. (p. 6-7) (Enquadramento crítico)
5) Responda as três questões da página 8. (Instrução explícita, enquadramento crítico e prática situada)
6) O que *Os Ibeji* pensam sobre gêmeos lhe surpreende? Justifique (p. 9). (Enquadramento crítico)
7) Quais são os materiais de ferro que você conhece? Já tinha visto os da página 10? (Prática situada e instrução explícita)
8) De onde veio a técnica da metalurgia? Você já sabia disso? Justifique (p. 10). (Instrução explícita e prática situada)

Correção das questões anteriores (25 minutos).

Leia o texto *Trabalho e Escravidão* (15 minutos).

9) Responda as questões das páginas 13, 14 e 15. (Prática situada, instrução explícita e enquadramento crítico)
10) O que você entende pela palavra "resistência"? (Prática situada)

Leia o texto *Da resistência à abolição* (5 minutos).

11) O que lhe chamou a atenção no que diz respeito à resistência à abolição? Justifique. (Enquadramento crítico)

12) Na sua opinião, ainda há algum tipo de exploração com os brasileiros de origem africana na atualidade? Explique. (Enquadramento crítico)

Correção das questões anteriores (15 minutos).

Parte IV: Religiosidade, festas e relação Brasil-Angola

Duração: 2h/a

Objetivos: 1. Conhecer a origem do Candomblé e comparar com possível conhecimento prévio sobre o assunto; 2. Conhecer as particularidades de uma família de santo e dos orixás; 3. Compreender de que maneira a cultura dos povos de origem africana se manifesta em Goiás e Maranhão; 4. Entender a relação cultural e econômica entre Brasil e Angola atualmente.

Descrição: 1. O professor propõe as questões sobre os capítulos e os alunos respondem individualmente por 25 minutos. Em seguida, há a correção de maneira oral (25 minutos); 2. Antes de começar o vídeo, o professor propõe uma questão. Eles respondem individualmente e comentam suas ideias logo em seguida (5 minutos). O professor apresenta as questões para o vídeo. Os alunos respondem e logo após abre-se uma discussão para corrigir (25 minutos).

Materiais de apoio: caderno e PDF da visita; Vídeo: *Moda africana: nova África* (a partir do 7min40s ao 10min50s).

Roteiro para discussão e aprofundamento do material

Leia o texto *Religiosidade.*

13) Você conhecia o Candomblé? Qual informação nova este texto lhe trouxe? (Prática situada e instrução explícita)
14) Responda as questões da página 19. (Instrução explícita)

Leia o texto *Uma grande família*.

15) Responda as questões da página 20. (Prática situada)

16) Você conhece alguém de uma família de santo? O quê? Como conheceu? (Prática situada)

Leia o texto *Os orixás* (p. 21- 25)

17) Qual Orixá lhe chamou mais atenção? Por quê? (Enquadramento crítico)

Leia o texto *Festas* (p. 26)

18) Responda as questões das páginas 26 e 27. (Prática situada)

19) Qual é a sua reação com as informações da página 28? Justifique. (Enquadramento crítico)

20) Qual é a sua opinião a respeito do fim da história do príncipe Mouro no enredo que inspira a Cavalhada de Pirenópolis, Goiás? (p. 31) (Enquadramento crítico)

21) Você conhecia a história do Auto do Boi, encenada no Maranhão? Ela lembra alguma outra história que você conhece? (Prática situada e instrução explícita)

Vídeo: *Moda africana: nova África* (a partir do 7min40s ao 10min50s)

22) Antes de assistir ao vídeo, responda: como você imagina que sejam as roupas da moda em Angola? (Prática situada)

23) De que forma a moda brasileira influencia os angolanos? (Instrução explícita)

24) Como são chamadas as mulheres angolanas que fazem compras no Brasil? (Instrução explícita)

25) Em qual lugar elas fazem compras no Brasil e o que elas mais compram? (Instrução explícita)

26) Qual a quantidade e variedade de produtos que as angolanas mais compram em São Paulo? Em qual época do ano elas compram? (Instrução explícita)

27) O fato de as angolanas comprarem esta quantidade de roupas em São Paulo pode ter algum impacto na cultura paulistana? Justifique. (Enquadramento crítico)

Parte IV: História, memória e artes

Duração: 2h/a

Objetivos: 1. Conhecer e reconhecer personalidades brasileiras de origem africana; 2. Relacionar o período Barroco com as produções de Aleijadinho e Padre Jesuíno de Monte Carmelo; 3. Interpretar pintura de Estevão Roberto Silva, Rubem Valentim e Heitor dos Prazeres; 4. Interpretar escultura de Agnaldo Manoel dos Santos; 5. Elaborar um emblema utilizando simbologia religiosa da arte afro-brasileira, a fim de utilizá-lo para representar os times de esportes coletivos da turma.

Descrição: 1. O professor pede que os alunos folheiem as páginas 34 a 39 e respondam oralmente quais personalidades eles conhecem. Logo em seguida, requisita que leiam a descrição sobre elas e respondam a questão 23. Para finalizar, pede que alguns alunos comentem suas respostas (25 minutos); 2. O professor pede que os alunos observem a obra "Anjo Atlante" por 2 minutos. Depois, eles respondem a questão 24 Em seguida, eles devem verificar o significado da palavra Atlante no glossário do material. Eles comentam suas respostas e o Professor já propõe a questão 25. Os alunos terão 15 minutos para responder tal questão. O professor corrige; 3. Para as questões das páginas 44, 46, 47 e 48, o Professor estabelece 30 minutos para eles responderem; 4. Por fim, os alunos terão 30 minutos para elaborarem o emblema.

Materiais de apoio: PDF do museu.

Roteiro para discussão e aprofundamento do material

Folheie as páginas 34 a 39, da parte História e Memória.

28) Olhe apenas as fotos das personalidades. O que você já conhece destas personalidades? (Prática situada)

29) O que lhe chamou atenção na descrição delas? (p. 34-39) (Enquadramento crítico)

Leia o texto *Artes (*p. 40-49):

30) O que lhe chama a atenção na obra "Anjo Atlante", de Aleijadinho? Observe o significado do termo "Atlante" no glossário do material (p. 40). (Enquadramento crítico e instrução explícita)

31) Quais características do período Barroco, você observa na pintura *Teto da Igreja de Itu*, de Padre Jesuíno de Monte Carmelo? Utilize seus conhecimentos sobre Barroco, trabalhados nas aulas de Língua Portuguesa e Literatura e Artes no 1° ano, além de pesquisar no portal educacional Clickideia, oferecido pelo Centro Paula Souza. (Prática situada e instrução explícita)

32) Responda as questões da página 44, 46, 47 e 48. (Prática situada, instrução explícita e enquadramento crítico)

33) Elabore um emblema, segundo as orientações da página 49, a fim de simbolizar os times de esportes coletivos da turma. (Prática transformada)

Parte IV: Jorge Amado, Ogum e capoeira

Duração: 2h/a

Objetivos: 1. Entender a representação de Ogum em sua essência e o papel dele em capítulo do livro *Capitães da Areia* (Jorge Amado); 2. Compreender ponto de vista estrangeiro sobre a capoeira, através de prefácio de um livro em inglês.

Descrição: 1. o professor propõe a leitura dos dois textos e pede que os alunos respondam a questão 28 (50 minutos); 2. O professor faz a correção oralmente (15 minutos); 3. O professor propõe as questões 2 e 3 e faz a correção (40 minutos).

Materiais de apoio: PDF do museu; capítulo "Aventura de Ogum", do livro *Capitães da Areia* (Jorge Amado) e página 25 do PDF "Uma visita ao Museu Afro Brasil"; Prefácio, de Robert F. Thompson, do livro *Ring of Libertation* (J. Lowell Lewis).

Roteiro para discussão e aprofundamento do material

Material: Capítulo "Aventura de Ogum", do livro *Capitães da Areia* (Jorge Amado) e página 25 do PDF "Uma visita ao Museu Afro Brasil"

34) Leia as referências citadas logo acima e responda: quais relações você pode estabelecer entre o papel de Ogum neste capítulo do livro *Capitães da Areia* e o que ele representa em sua essência? (Enquadramento crítico)

Material: Prefácio, de Robert F. Thompson, do livro *Ring of Liberation* (J. Lowell Lewis)

35) O que você conhece sobre capoeira? (Prática situada)

36) Quais foram as informações novas para você citadas neste prefácio? Justifique. (Enquadramento crítico)

Parte V: Trabalho final

Duração: 2h/a

Objetivo: Produzir um texto dissertativo-argumentativo que apresente a cultura dos povos de origem africana no Brasil no cotidiano dos alunos.

Descrição: O professor propõe a produção de texto sobre o assunto (100 minutos).

Materiais de apoio: todos os materiais utilizados nas aulas anteriores.

37) Baseado em todas as aulas sobre o tema estudado, escreva uma texto dissertativo-argumentativo com o seguinte tema: "A cultura afro-brasileira em meu cotidiano". O texto deve ser formal e pessoal. O número mínimo de palavras é 300 e máximo de 400. Você deve colocar título. (Prática transformada)

Sobre o Autor

Mestre em Educação pela USP e com Licenciatura plena em Letras (Inglês/Português), foi bolsista do Ceeteps do curso "Ensinar inglês como língua estrangeira", na Universidade da Califórnia, em 2011. Possui especialização em "Design instrucional para cursos em EaD virtual", pela Universidade Federal de Itajubá. Lecionou Línguas, Literatura e Comunicação Profissional, além de coordenar Projetos para Docentes em cursos de Formação continuada, em Etecs e Fatecs do Centro Estadual de Educação Tecnológica Paula Souza, entre 2003 e 2016. Foi Consultor de Inglês em Escolas de Línguas e Empresas. Participou de Comissões para elaboração e avaliação de vestibulares. Possui experiência em análise e revisão de livros em Editoras. Atua como Tutor em EaD desde 2009. Em 2016, tornou-se Docente concursado do Instituto Federal de São Paulo (IFSP).